바울이 가르친 리더 공부

리더 공부

바울이 가르친 리더 공부

리더 공부

지은이 · 하정완
펴낸이 · 성상건
편집디자인 · 자연DPS

펴낸날 · 2018년 1월 10일
3쇄 펴낸날 · 2022년 7월 22일
펴낸곳 · 도서출판 나눔사
주소 · (우) 10270 경기도 고양시 덕양구 푸른마을로 15
　　　301동 1505호
전화 · 02)359-3429　팩스 02)355-3429
등록번호 · 2-489호(1988년 2월 16일)
이메일 · nanumsa@hanmail.net

ⓒ 하정완, 2018

ISBN　978-89-7027-314-3-03230

값 9,000원
잘못된 책은 바꾸어 드립니다.

이 도서의 국립중앙도서관 출판예정도서목록(CIP)은 서지정보유통지원시스템 홈페이지(http://seoji.nl.go.kr)와
국가자료공동목록시스템(http://www.nl.go.kr/kolisnet)에서 이용하실 수 있습니다.
(CIP제어번호 : CIP2018000199)

바울이 가르친 리더 공부

리더 공부

하정완 지음

나눔사

리더들의 회복을 소망한다

그 시대의 위기는 리더의 부재와 관계있다. 같은 관점에서 교회의 위기는 리더의 부재 때문에 벌어진다. 오히려 리더로 인해 나라에 문제가 생기고 교회도 어려움을 만난다.

왜 이런 일들이 벌어지는 것일까? 우선 리더 자신이 성숙하지 못한 까닭이다. 온통 터져 나오는 소식은 리더인 목사들의 부정과 불법, 성적인 문제까지. 리더들이 복음을 방해하는 지경에 이르고 말았다. 왜 이런 일이 벌어진 것일까? 성숙하지 못한 리더였다는 것 외에 달리 설명할 길이 없다. 성숙을 위한 공부를 게을리 한 것이다.

그렇다면 희망이 보이는가? 사실 미래가 더 위험하다. 특히 청년, 청장년 리더들이 보이지 않기 때문이다. 한마디로 말해서 교회가 리더들을 훈련시키는 공부를 소홀히 한 것이다.

'바울이 가르친 리더 공부'란 부제가 붙은 이 책을 쓴 이유는 설명 그대로 젊은 디모데에게 에베소 교회 목회를 맡긴 바울이 젊은 리더 디모데를 공부시킨 내용 10가지를 공부함으로 조국 교회의 리더들이 회복되기를 소망하기 때문이다.

바울이 디모데에게

바울이 예루살렘에서 재판을 받기 위하여 로마에 도착하였을 때는 미결수 신분이었다. 그리고 사도행전의 마지막 기록처럼 바울은 A.D. 60년에서 62년경으로 보이는 약 2년 동안 재판을 기다리면서 가택연금을 당한 상태로 있었다. 물론 군사들이 바울을 지키고 있었지만(빌1:13-14,4:22) 비교적 자유롭게 사람들을 만나고 복음을 전할 수 있었다.

"바울이 온 이태를 자기 셋집에 머물면서 자기에게 오는 사람을 다 영접하고 하나님의 나라를 전파하며 주 예수 그리스도에 관한 모든 것을 담대하게 거침없이 가르치더라"

(행28:30-31)

어떤 이유인지는 잘 알 수 없지만 사도행전 28장 기록에 있는 2년 동안의 가택 연금 후 바울은 풀려났다. 그 이유에 대해 많은 주장이 있지만 대체로 브루스 윌킨스 같은 학자들은 바울을 고소했던 유대인들이 시이저 법정의 바울 공판에 참여하지 않았기 때문이라고(브루스 H. 윌킨스, 한눈에 보는 성경, 디모데, 813) 주장한다. 사실 바울은 로마 시민권자였고 그의 죄라는 것이 로마 정권과는 아무런 상관이 없는 일이었기 때문에 유대인들이 이길 확률은 없었다.

2년 동안의 가택 연금 후 풀려난 바울은 그로부터 약 4년여 동안 복음을 전할 수 있었던 것 같다. 주로 로마를 중심으로 복음을 전하였지만 자유롭게 다녔던 것으로 보인다. 특히 바울은 에베소 교회나 골로새 교회 같은 소아시아 교회들을 방문하였다. 그러다 마게도냐로 넘어갈 때 바울은 디모데를 에베소에 남겨두어 그 곳 교회를 치리하게 하였다.

> "내가 마게도냐로 갈 때에 너를 권하여 에베소에 머물라 한
> 것은"(딤전1:3)

바울은 에베소에 디모데를 남겨두고 마게도냐로 떠날 때 곧 다시 만날 수 있었을 것으로 생각했던 것으로 보인다. 하지만 여러 가지 이유로 지체한 까닭에 바울이 빌립보에서 디모데에게 목회적 관심을 갖고 편지를 쓰는데, 바로 목회서신 디모데서이다.

> "내가 속히 네게 가기를 바라나 이것을 네게 쓰는 것은 만
> 일 내가 지체하면 너로 하여금 하나님의 집에서 어떻게 행
> 하여야 할지를 알게 하려 함이니"(딤전3:14-15)

바울은 디모데를 걱정하고 있었다. 다른 교회 리더들과 달리 디모데는 나이가 상대적으로 적었던 것으로 보이는데, 그것으로 인해 디모데가 위축될까봐 걱정하고 있었던 것이다. 그런 까닭에 디모데서는 단순한 서신이 아니라 아직 완전하지

않은 리더에게 보내는 목회 공부라 할 수 있다. 매우 자세하게 어떻게 교회를 이끌고 목회해야 하는지를 매우 세심히 코칭하고 있기 때문이다.

바울이 디모데전서 4장에 집중된 디모데에게 권면한 내용들은 그 시대만이 아니라 모든 교회 공동체 안 그룹에서 벌어질 수 있는 문제들에 대한 대답이라는 사실이 놀랍다. 그 말은 오늘 우리 교회의 소그룹들(속회, 구역모임, 지역모임, 셀, 가정교회)이 만날 수 있는 문제들을 대처할 실제적인 방법을 찾을 수 있다는 뜻이다.

무엇보다 리더는 어떤 사람이며 어떤 모습이어야 하는지, 리더의 자격에 대하여 고민하고 있는 리더나 예비 리더들에게 귀한 지침을 주리라 생각한다.

꿈이있는교회를 목회하면서 리더를 세우는 것은 목회의 중심이었다. 그래서 교회 리더 수련회 때 강의했던 내용들을 다시 쓰는 마음으로 정리하였다. 아무쪼록 이 책이 리더들을 세우고 방향을 정리하는데 좋은 공부가 되기를 바라는 마음이다.

무엇보다 이 책을 나오도록 독려한 나눔사 성상건 장로님과 손종오 장로님과 나눔사 편집진, 그리고 교정으로 수고한 김유빈 전도사와 그동안 함께 해 온 꿈이있는교회 밥집 리더들에게 감사를 전하고 싶다. 그러나 무엇보다도 늘 함께 해 온 동역자인 아내 서은희와 늘 곁에서 도우시고 이끄신 우리 주님께 감사를 드린다.

조국 교회의 리더들의 회복을 꿈꾸며
하정완 목사

세상의 기준에서도 옳아야 한다

"선한 일을 사모하는 것이라"(딤전3:1)

컨텍스트

연말이 되면서 리더를 세우는 기준을 놓고 난상토론 중이었
다. 특히 매우 탁월한 스펙을 갖고 있었던 이세속 형제(가명)에
대하여 의견이 분분하였다. 그는 한국 최고의 대학을 졸업하
였고 지금은 모두가 다니고 싶어 하는 대그룹의 촉망받는 직
장인이었다. 집안이 부유하기도 했지만 교회 내에서 후배들
과 모임을 가지면 비용을 거의 부담을 하는 까닭에 인간적인
평판도 좋았다.

신앙적으로 아버지는 교회의 유력한 장로였고 어머니는 여성 리더였다. 뿐만 아니라 어렸을 때부터 교회를 다녀서 교회의 많은 사람들을 잘 아는 형제였고 중고등부 시절 학생회장을 하기도 했다. 나름대로 교회도 열심히 나오는 편이었고 또래나 후배들에게 영향을 끼치는 오피니언 리더였다. 부족한 것이 없어보였다. 이 정도면 교회에서 리더로 쓰기에 매우 탁월한 스펙을 가진 형제였다.

그런데 몇 가지 문제가 있었다. 아직 술을 끊지 못한 상태였다. 가끔 술 취한 모습이 목격되었다. 회사 생활을 해서 그럴 수 있다고 생각하지만 문제는 그와 같은 술자리에 교회 청년들을 불러내어 함께 하기도 했다. 더 의심스러운 것은 몇몇 자매들과의 좋지 않은 소문도 있었다. 벌써 교회 안에서 몇 명의 자매들과 사귄 경험이 있었고 이세속 형제 때문에 자매들이 교회를 떠난 경우도 있었다.

이러한 약간의(?) 윤리적 문제가 있었지만 다른 좋은 조건들 때문에 리더로 세우는 것이 좋겠다는 의견도 많았다. 고민되는 문제였다.

바울의 코칭

바울이 제일 먼저 많은 지면을 할애하여 꺼낸 문제는 리더의 기준이었다. 물론 바울이 언급하고 있는 감독과 집사는 오늘날의 감독과 집사는 아니다. 일반적으로 목회적 지도력을 가진 사람이라 하겠지만 교회의 리더라고 통칭적으로 설명할 수 있을 것 같다.

바울은 디모데에게 이들의 자격의 첫 번째를 "선한 일을 사모하는 것"(딤전3:1)이라 말하였다. 당연히 선한 일의 으뜸이 하나님을 섬기는 것이라고 볼 때 다른 설명은 필요 없을지도 모른다. 하지만 바울은 매우 꼼꼼히 리더(감독, 집사)의 자격을 기술하면서 기준을 제시하였다. 이 기준들은 크게 둘로 나눌 수 있는데, 하나는 부정적 의미에서 다른 하나는 긍정적 의미이다.

* 부정적 의미에서

- 한 아내의 남편이고(딤전3:2, 집사/딤전3:12)

- 손가락질 받지 않아야 하고(공동번역/딤전3:2)

- 술을 즐기지 않으며(딤전3:3, 집사/딤전3:8 술에 인박히지 아니하고)

- 난폭하지 아니하며(공동번역/딤전3:3)

- 온순하고 남과 다투지 않으며(공동번역/딤전3:3)

- 돈을 사랑하지 아니하며(딤전3:3)

- 일구이언하지 아니하고(딤전3:8)

- 부정한 이득을 탐내지 않고(공동번역/딤전3:8)

* 긍정적 의미에서

- 절제할 줄 알고(딤전3:2)

- 나그네를 잘 대접하며(딤전3:2)

- 가르치는 능력이 있어야 하고(딤전3:2)

- 교회 밖의 사람들에게도 좋은 평을 받는(공동번역/딤전3:7)

- 자기 집을 잘 다스리고(딤전3:4, 집사/딤전3:12)

- 자녀들의 존중을 받으며(딤전3:4, 집사/딤전3:12)

열거한 기준 중 특히 부정적 의미의 기준을 보면 알겠지만 바울이 말한 리더(감독, 집사)의 자격은 세상의 기준에서 볼 때도 받아들일만한 것이다. 이러한 기준은 세상의 어떤 집단에서도 동일한 기준으로 삼을만한 것으로, 교회의 리더라면 이 기준은 당연할 뿐 아니라 오히려 이보다 훨씬 더 좋아야 할 것이다. 물론 그렇지 않더라도 바울이 제시한 기준은 세상의 기준 이상이 아니었다. 최소한 이와 같은 자격은 갖춰야 한다는 뜻이었다.

하지만 세상은 위의 기준 외에 다른 기준들로 리더의 기준을 정하고 있다. 대체로 다음과 같은 것이다.

- 재정적 기여를 많이 할 수 있는 자
- 나름대로 사회가 인정하는 권력을 가진 자
- 어떤 분야든지 사회에서 명성을 얻은 자
- 뛰어난 학력을 가져서 공식적으로 인정할만한 자

당연히 바울이 제시한 리더의 자격에는 세상이 중요하게 여기는 기준들은 언급되고 있지 않다. 그러나 아쉽게도 오늘날

일부 교회들은 암묵적으로 이 기준들을 리더 혹은 임원을 세우는 기준으로 삼는다. 그래서 국회의원이나 대학교 총장 등 사회적 명성을 가진 자들에게 쉽게 직분을 주는 교회가 있다. 심지어 어떤 교회들은 장로나 권사 등을 세울 때 엄청난 액수의 헌금을 낼 수 있는 자로 결정하기도 한다.

디모데는 교회의 리더를 세우면서 고민이 많았을 것이다. 보통의 경향처럼 돈, 권력, 학력, 명성 등 세상적으로 드러난 사람들이 세상에서 지도자로 사용되는 까닭에 기준이 흔들렸을지도 모른다. 이 같은 고민을 할지도 모르는 디모데에게 바울은 이러한 스펙을 갖고 있는 것이 장점일 수도 있지만 그것들이 절대적인 리더의 자격일 수는 없다는 권면을 한 것이다.

리더 공부

분명히 이세속 형제는 세속적 기준으로 볼 때 충분한 자격이 있어 보였지만 교회의 리더는 세상이 정하는 기준으로 정해서는 안 된다. 비록 세상적인 스펙이 화려할지라도 먼저 생각해야 할 것은 최소한 세상의 기준에서 윤리적으로 문제가 없어야 하고 크리스천으로서 신앙적 전통도 갖고 있어야 한다.

많은 토론 끝에 교회는 이세속 형제를 리더로 세우는 것을 유보하였다. 분명 이세속 형제는 세상의 리더로서는 적합해 보였지만 신앙의 본을 보여주며 세상을 넘어서는 삶의 가치를 사는 리더로 세우기에는 아직은 아니라는 결론에 이른 것이다. 신앙적인 훈련을 좀 더 받은 후 세우기로 결정하였다.

'교회의 기준은 세상의 기준과 다른 것이 있어야 한다.'

교회는 더 자세히 디모데전서 3장을 읽게 되었고 자연스럽게 다른 인물이 리더 후보로 떠올랐다. 서신실 자매(가명)였다. 그녀는 바울이 지적한 부정적 측면에 전혀 저촉되지 않았다. 물론 세상적인 기준에서 넉넉하진 않았다. 학비를 마련하기 위하여 공부하면서 아르바이트를 하는 대학원생이었다. 집안 사정도 좋지 않아 독립적인 생활을 하고 있었지만 그에게는 긍정적인 부분들이 대부분이었다.

- 온순한 성격이었다.
- 다투는 사람이 아니라 평화주의자였다.
- 언제나 그의 말은 신중하였다.
- 비기독교인들이 그 자매 때문에 교회를 왔다.
- 사람들의 칭찬을 받는 친구였다.
- 늘 큐티를 놓치지 않았다.
- 말씀을 나눌 때는 매우 지혜로웠다.
- 겸손하였고 온유하였다.

그녀는 윤리적인 기준에서도 전혀 흠잡을 데가 없었다. 그녀의 삶은 정직하고 성실하였다. 그의 대학원 친구들이나 아르바이트 하던 곳의 동료들이 심심찮게 교회를 다니겠다고 찾아왔다. 그녀는 세상에서도 인정받는 사람이었다. 세상이 볼 때도 그는 크리스천이었다.

'세상이 볼 때도 크리스천이어야 한다.'

무엇보다 이세속 형제를 리더로 세우려 할 때 반대하던 자들이 있었던 것과 달리 모두가 좋게 여겼다. 비록 세상적인

기준에서는 스펙이 좋지 않았지만 그녀는 정말로 신실하였
다. 모두가 동의하였다.

　무엇보다 바울이 말한 기준들 중에 가장 중요한 것으로 그
녀는 하나님의 "선한 일을 사모하는"(딤전3:1) 사람이었다. 의심
할 것이 없었다.

함께 토론

우리가 비록 세상에 있지만 우리는 세상의 리더가 아니라 교회의 리더를 세우고 있는 것이다. 다른 기준이 존재해야 하지만 우선 세상적인 윤리 기준에도 적합하거나, 이를 뛰어넘어야 하는 것은 당연한 일이다.

1. 교회 공동체의 리더는 세속적인 윤리적 기준에도 부합하여야 한다. 그런 점에서 나는 어떤가?

   -
   -
   -

2. 앞에서 체크했던 리더의 자격들 볼 때 나는 어떤 수준인가? 합격인가? 불합격인가?

   -
   -
   -

세상을 이길 힘이 있어야 한다

"하나님의 말씀과 기도로 거룩하여짐이라"(딤전4:5)

컨텍스트

리더를 세우면서 고민이 되었던 것은 이세속 형제와 서신실 자매 경우만이 아니었다. 매우 깊이 고민하였던 리더 후보는 강경직 형제(가명)였다. 술과 담배를 하지 않는 것은 물론이고 주일을 지키는 것을 목숨처럼 귀중하게 여기는 사람이었다. 물질에 연연하지 않았고 언어에 있어도 신중하였다. 하지만 교회는 고민하고 있었다. 그들의 경험 속에 여러 기억들이 있 었는데 리더로 세울 것을 고민하게 하는 매우 중요한 이유였 다. 그 중에 하나를 소개하면 이런 것이다.

지난여름 어느 날 청년들이 주일 1부 예배가 끝나자마자 1박 2일 또래 MT를 떠났다. 모처럼 청년부 부흥을 도모하는 계획이었다. 그동안 교회를 잘 나오지 않던 친구들과 전도하고 싶은 친구들도 배려하여 예배나 기도회보다는 서로 교제에 초점을 맞췄다.

오랜만에 같이 모인 청년들은 펜션에 도착해서 같이 고기를 구워먹고 게임도 하면서 즐겁게 시간을 보냈다. 서먹서먹했던 친구들이나 새로운 친구들도 잘 어울리는 시간이 되는 것 같았다. 그렇게 밤이 늦어지자 각자 잠을 청했지만 그 중 몇이 늦게까지 모임을 이어갔는데 너무 자유스러운 분위기였는지 따로 맥주 한 잔씩을 돌린 것이다. 분명히 그 의도는 어색한 친구들을 위한 것이었다.

다음 날 아침 강경직 형제가 지난 밤 몇몇 형제들이 그런 모임을 가진 것을 알고 격한 반응을 보였다. MT는 그대로 끝나고 말았다. 강경직 형제에 동조하는 몇 친구들이 남은 일정을 취소하고 집으로 돌아간 것이다. 그런데 그것으로 끝나지 않고 예상치 못한 다른 문제가 발생했다. 믿음이 약해서 교회를 드문드문 나오는 친구들과 새롭게 교회를 다녀보려고 온 친구들이 모두 마음에 상처를 받고 아예 교회에 나오지 않기로 결정한 것이다. 그들이 던진 질문이었다.

'교회가 너무 경직되었네요.'
'술, 담배를 마시고 피면 죄인인가요?'

이러한 사건이 있었지만 엄격하고 단호한 강경직 형제를 교회 어른들은 좋아했다. 충분히 그럴 수 있는 행동이었다고 평가한 것이다. 부러질지라도 구부러지지 않는 단단한 신앙을 가진 그가 리더가 되는 것은 쉬워보였다. 그런데 예상외로 몇몇 리더가 반대 의견을 냈다. 신앙은 좋지만 너무 경직되고 외골수여서 리더로서는 힘들지 않겠느냐 하는 의견이었다. 더욱이 이 세상의 흐름을 동조해서는 안 되지만 리더는 어떤 유연성이 있어야 하는 것이 아닌가 하는 의견이었다. 오랜 시간 동안 강경직 형제를 리더로 세울 것인가 하는 문제로 난상 토론이 되었다.

바울의 코칭

디모데가 사역하고 있던 에베소는 아시아에서 가장 큰 항구이면서 관문이었고 아시아의 시장 경제를 좌우하였다. 정치적으로도 로마에서 자유를 인정한 자유무역도시였다. 특히 종교적으로는 세계 7대 불가사의 중에 하나인 수많은 젖가슴을 단 모양의 풍요와 다산의 신 아데미를 섬기는 신전이 있었다. 그런 까닭에 대부분의 상업 행위 특히 시장에서 판매하는 고기들은 먼저 신전에 바친 후 매매가 이뤄졌다. 크리스천들에게는 우상 제물로 먼저 드려진 고기를 먹어야 하는 문제가 심각할 수밖에 없었다.

에베소의 엄격한 신앙인들은 유대인들이 할례를 기준으로 신앙을 재단한 것처럼 우상에게 드렸던 제물을 먹느냐 안 먹느냐로 신앙의 기준을 삼았다. 오늘날의 술과 담배 문제 같은 것이었다.

놀랍게도 바울은 이 문제에 대해 매우 유연한 태도를 보였다. 바울은 이 문제를 토론의 중심으로 끌어당기지 않고 대수

롭게 여겼다. 이유는 '우상은 아무 것도 아니다'는 것과 '하나님은 한 분 밖에 없다'는 인식 때문이었다.

"우상의 제물을 먹는 일에 대하여는 우리가 우상은 세상에 아무 것도 아니며 또한 하나님은 한 분밖에 없는 줄 아노라"(고전8:4)

우상이란 인간이 만든 돌과 나무에 불과하기 때문에 오로지 하나님 한 분을 믿는 자들에게 음식은 그저 먹는 것에 불과하다는 입장을 가졌던 것이다. 돌과 나무에 불과한 우상에게 바쳤던 음식이 우리에게 무슨 영향을 미치겠는가 하는 것이었다. 신앙의 유연성이었다. 하지만 더 중요한 것은 하나님 이해에 기초한 자유였다.

에베소 교회 역시 같은 문제로 고민하고 있었다. 하지만 이에 대한 바울의 대답은 같았다. 바울은 우상에게 바친 것보다 우선적으로 '하나님이 지으신 것'이라는 놀라운 대답을 한 것이다.

"음식물은 하나님이 지으신 바니 믿는 자들과 진리를 아는 자들이 감사함으로 받을 것이니라 하나님께서 지으신 모든 것이 선하매 감사함으로 받으면 버릴 것이 없나니"(딤전4:3-4)

이 놀라운 자유는 어디에서 오는 것일까? 바울은 그 근거가 하나님의 말씀과 기도에 근거한다고 밝힌다. '말씀과 기도로 거룩해진다.'

"하나님의 말씀과 기도로 거룩하여짐이라"(딤전4:5)

하나님의 말씀 안에 단단히 서 있으며 하나님과 늘상 교통하는 삶을 살고 있는 크리스천에게 이 같은 것들이 문제가 되지 않는다는 것이다. 그리스도 안에 있는 자유였다.

그렇다고 해서 바울이 무한정한 자유를 말한 것은 아니었다. 여전히 우상 제물을 먹는 것 때문에 믿음이 연약한 자들의 실족을 배려하였다. 놀랍게도 바울이 말한 것은 우상에게 바쳤던 고기를 먹지 않겠다는 결정이었다. 너무 기준이 없는 것이 아닌가 하는 질문이 들지만 바울이 그렇게 태도를 정한 것은 믿음이 약한 이들을 배려했기 때문이었다.

"음식이 우리를 하나님께로 가까이 나가게 해 주는 것은 아 닙니다. 그것을 안 먹었다고 해서 손해될 것도 없고 먹었다 고 해서 더 이로울 것도 없습니다. 다만 여러분의 자유로운 행동이 믿음이 약한 사람을 넘어지게 하는 일이 없도록 조 심하십시오."(공동번역/고전8:8-9)

그것만이 아니었다. 바울은 더 강력한 언어로 이 문제에 대 한 대답을 하였다.

"그러므로 만일 음식이 내 형제를 실족하게 한다면 나는 영 원히 고기를 먹지 아니하여 내 형제를 실족하지 않게 하리 라"(고전8:13)

이것은 더 큰 자유였다. 사랑으로 인해 스스로 구속받는 자 유였다. 자유인이 되었지만 귀에 스스로 문설주에 못을 박아 자발적인 종이 되는 것과 같은 자유였다. 사랑에 구속된 자유 였다.

리더 공부

리더가 모든 기준에 완벽할 수는 없지만 강경직 형제를 리더로 세우면 교회의 입장이 왜곡될 가능성이 있었다. 즉 하나님의 은혜와 긍휼이라는 메시지보다 구속과 율법이라는 메시지가 강조되는 것으로 받아들일 수 있었다. 그래서 교회는 깊은 고민에 빠졌고 결국 목사님이 자세하게 강경직 형제에게 설명하고 동의할 경우 유예기간을 거쳐 리더로 세우기로 결정하였다.

그렇다고 청년들의 MT에서 있었던 일을 허용하겠다는 의미는 아니었다. 사실 엄격한 규범을 가진 신앙이 세상에서 자유하게 살던 초신자들을 새롭게 결정하는 계기가 될 수도 있다. 하지만 동시에 하나님의 은혜와 사랑을 깊이 누릴 수 있는 기회를 제한하는 오해로 발전될 수도 있다. 그래서 교회가 신중을 기한 것이다. 만일 이런 결정이 교회의 공식적 입장이라면 아직 신앙적으로 성숙하지 못한 이들이 오해할 수 있었기 때문이었다.

언제나 그래서는 안 되지만 신앙의 초기 단계에는 약간의 틈을 눈감아줄 필요가 있다. 오랜 날 동안의 세상적 삶이 아직 습관적으로 배어있는 까닭에 신앙적 윤리나 행위로 전환하는 것이 쉽지 않기 때문이다. 틈이 필요한 이유다.

'처음에 약간은 틈을 허용하라.'

개척 초기 사무실을 빌려 예배할 때였다. 주일날 한 자체가 우연히 교회 근처 공중 화장실에서 예배 후 담배를 피우다가 내게 들켰다. 나는 그냥 웃으며 지나쳤다. 만일 그때 내가 강경직 형제처럼 불쾌한 표정을 지었거나 태도를 취했다면 아마 그 날 이후 그 청년은 교회를 다니지 않았을지도 모른다. 지금은 교회에서 젊은 권사로 열심히 사역하는 자체가 되었다.

물론 내가 담배를 피우고 술을 마시는 것을 동의하거나 권장하는 것이 아니다. 더욱이 내가 그것을 허용하는 것도 아니다. 하지만 오랜 습관처럼 만들어진 것들은 신앙적 성숙을 통해 은혜를 깨달으면서 스스로 결정하게 하면 된다. 그러므로 신앙적 성숙에 이를 수 있도록 열심히 훈련시키는 것이 중요한 것이다.

'성숙이 해결이다.'

리더를 선택하여 세우는 것은 쉽지 않다. 하지만 분명한 것들이 있다. 첫째, 세상적인 스펙을 마치 절대 자격처럼 사용해서는 안 된다. 물론 세상적인 삶에서도 성취한 이들이 신앙적 열심을 갖고 있다면 그보다 더 좋을 수는 없다. 하지만 세상적인 스펙에 우선권을 줘서는 안 된다. 두말할 것도 없이 주님이 삼으신 제자들을 보면 이해할 수 있는 일이다.

둘째, 너무 경직된 신앙을 가진 이를 리더로 세우는 것도 부적합하다. 이미 예수께서 사람으로 오신 성육신 사건에서 알 수 있듯이 그것은 인간을 이해하셨다는 뜻이다. 할 수만 있다면 하나님의 사랑에 구속된 자유한 종, 자발적 자유자를 우선해야 한다.

마지막으로 말씀과 기도로 이 세상을 극복할 수 있는 힘이 있는 존재, 그러나 틈을 가지고 세상을 볼 수 있는 여유가 있는 크리스천이라면 리더로서 적합하다.

　정리하면 리더는 바울과 같이 리더 자신에게는 매우 엄격하
고 경직되게 적용하지만 타인을 바라보는 태도는 유연하고 은
혜 안에서 기다리며 바라보고 가르칠 수 있는 자여야 한다.

함께 토론

리더는 하나님의 은혜와 그리스도의 희생적 사랑 앞에 서 있는 자이다. 그러므로 늘 자신을 엄격하게 바라보고 죄에 대한 민감한 태도를 취해야 한다. 그러나 다른 사람을 대할 때는 그 은혜와 사랑으로 바라봐야 한다. 기다리고 바라보며 기다릴 수 있어야 한다.

1. 자신에게는 엄격하지만 다른 지체에게는 유연하고 은혜로 기다릴 수 있는 리더는 적합하다. 그런 점에서 나는 어떤가?

----

2. 나는 이 세상과 세상의 유혹 앞에 말씀과 기도로 거룩하게 구별하여 설 수 있는 준비가 되어 있는가?

길을 잃어서는 안 된다

"망령되고 허탄한 신화를 버리고"(딤전4:7)

컨텍스트

리더가 되어 그룹을 이끄는 것이 쉽지는 않다. 가장 큰 문제는 일주일 내내 세상에서 비신앙적인 삶을 살다가 교회를 오기 때문이다. 물론 열심히 신앙생활을 하다가 오는 사람들도 있지만 일부는 큐티든 말씀묵상이든 한 주간 동안 전혀 영적인 시간을 갖지 않은 채 모임에 참여한다. 그런 까닭에 말씀을 나누거나 함께 영적인 교제를 나누는 것 자체가 매우 힘들 수밖에 없다.

그래서 대부분의 리더들은 부담을 주지 않으려고 브레이크 타임을 갖는 것으로 시작한다. 한 주간 동안의 일상적인 삶의 이야기나 개인적인 이야기를 하는 것으로 시작한다. 나쁘지 않은 접근이다.

그러다 문제를 만난다. 멤버들 중의 한 두 명이 꺼낸 세속적인 이야기를 쉽게 끊을 수 없는 상황이 벌어질 때이다. 더욱이 비신앙적인 세속의 이야기들과 세상적인 방법으로 살았던 이야기, 불평과 속된 말과 뒷담화로 계속 이어지면 정말 난감해진다. 더 큰 문제는 분위기를 좋게 하기 위하여 리더가 세속적 이야기를 꺼냈는데 거기에 리더조차 매몰되어 헤어 나올 수 없을 때이다. 기막히게도 그런 일이 벌어지기도 한다.

일반적으로 그룹의 모임 시간은 정해져 있고 할 수 없이 모임을 마무리해야 한다. 그런데 문제는 그 모임이 끝난 후에 더 심각한 상황으로 전개될 때이다. 어이없게도 그 같은 세속적인 이야기를 주도했던 사람이 이상한 말을 하고 돌아다니는 경우이다.

'바쁜 시간을 쪼개어 모임에 참여했는데 별로 도움이 되지 않았어. 시간 낭비만 한 것 같아.'

실상 이 말을 하고 싶은 사람들은 한 주간 나름대로 신앙생활을 열심히 노력했고 함께 말씀을 나누며 서로 격려하고 격려 받고 싶었던 사람들인데 이 같은 소리를 들으면 그들조차 이 모임의 중요성에 의심을 하기 시작한다.

이 정도는 다행이지만 더 큰 문제로 발전되기도 한다. 그 모임에서 나왔던 어떤 뒷담화가 밖으로 새어나갔을 때이다. 그때는 걷잡을 수 없는 결과를 빚는다. 경건하게 이뤄지고 서로 힘을 북돋아 줘야 하는 그룹 모임이 신앙생활을 방해하는 요소로 등장한 것이다.

바울의 코칭

디모데가 사역하던 시대는 로마가 통치하던 시대였다. 그들은 단순한 크리스천이 아니라 거대 제국 로마의 식민지 통치

구조 속에 있었다. 그들의 관심은 독립일 수도 있고 무례한 지배층을 향한 저항일 수도 있었다. 더욱이 신분 차별은 매우 심각했다. 노예 제도가 존재하였고 남성과 여성의 구분이 확실했다. 크리스천들 중에는 노예도 있었고 귀족도 있었다. 당연히 갈등이 발생했다. 더욱이 종교 문제는 더 심각했다. 이미 세속적 기득권 종교가 지배하고 있었고 그 상황을 벗어나서는 생활 자체가 힘들었다. 예를 들어 고기 한 덩어리 조차 우상에게 먼저 바쳐진 제물이었다. 더욱이 종교적 창녀가 일반적이었고 세속적 쾌락과 도덕적 문제도 심각했다. 모든 것을 기득권을 가진 이방종교의 방법을 좇아야 했다.

독립, 정치적 억압, 신분 차별, 성차별, 계급 갈등, 강력한 이방종교, 세속화된 생활 문제 등 크리스천들이 직면하고 있는 문제는 매우 다양하고 힘든 것들이었다. 그런 상황에서 사역을 하는 디모데에게 바울이 권면한 리더로서 다뤄야 할 문제는 놀랍게도 매우 사소한 것처럼 보이는 문제였다. 이미 언급한 문제들에 비하면 우선시될 수 있는 것이 아니었다.

"네가 이것으로 형제를 깨우치면 그리스도 예수의 좋은 일

꾼이 되어 믿음의 말씀과 네가 따르는 좋은 교훈으로 양육
을 받으리라 망령되고 허탄한 신화를 버리고 경건에 이르
도록 네 자신을 연단하라"(딤전4:6-7)

"망령되고 허탄한 신화를 버리고"(딤전4:7) 놀랍게도 바울은
디모데에게 첫 번째로 권면한 것이 무슨 거창한 이론이나 실
천 강령이 아니었다. 번역을 좀 적나라하게 하면 그 내용을
선명하게 알 수 있다.

"나이만 먹고 한심한 여자들에게나 적합한 세속적인 잡담
들을 하지 마십시오."(하정완의역)

'세속적 잡담', 놀랍게도 바울은 디모데에게 말에 대한 이야
기를 꺼냈다. 사실 이 같은 언급은 디모데에게 보낸 편지 전
반에 걸쳐서 계속 강조하는 내용이다. 첫 번째 편지가 끝나가
는 끝에도 다시 언급하였다.

"디모데야 망령되고 헛된 말과 거짓된 지식의 반론을 피함
으로 네게 부탁한 것을 지키라"(딤전6:20)

물론 두 번째 편지를 보낼 때에도 바울은 같은 강조를 하였다.

"속되고 헛된 말은 피하시오. 그것 때문에 사람들은 더욱
더 하나님께로부터 멀어지고 그들이 하는 말은 암처럼 퍼
져 나갈 것입니다." (공동번역/딤후2:16-17)

바울이 리더들에게 하고 싶은 첫 번째 것은 '말'이었다. 그
들이 만나고 있었던 수많은 문제들 앞에서 그 어떤 것보다
'말'을 먼저 강조한 이유는 무엇일까?

'말', 곧 대화는 관계를 여는 첫 번째 통로이기 때문이다. 특
히 고난의 세상을 걸을 때 한 마디 말로도 위로와 용기를 주는
경우를 쉽게 찾아볼 수 있다. 더욱이 디모데가 살던 세상은
심히 어려운 상황의 세상이었다. 한 마디라도 격려하는 말이
필요하였고 무엇보다 하나님의 말씀과 기도가 필요했다. 그
러므로 바울의 부탁은 사소해 보일 수 있지만 실상은 매우 중
요한 것이다. 우리가 사소하게 여길 수 있는 부분을 정확히
지적한 것이다.

리더 공부

디모데가 사는 세상은 아니지만 우리의 세상에도 나름대로의 어려움과 고통을 만난다. 그런 까닭에 세상에서 살다가 교회에 와서 세상의 이야기와 경험담을 나눌 수는 있지만 그룹 모임의 주된 주제가 되어서는 안 된다.

'신앙적인 대화를 계획한다.'

소그룹 모임을 시작할 때 세상에 살면서 겪은 한 주간 동안의 편한 주제로 시작하는 것은 좋다. 하지만 리더는 그 대화를 시작하면서도 신앙적인 대화를 디자인하고 염두에 둬야 한다.

사실 세상에 살면서 우리는 세상 이야기로 귀는 더렵혀졌고 입은 추잡해진 상태다. 그런 까닭에 우리에게 세속적인 이야기는 그 같은 이야기일 수밖에 없다. 대부분 경험하지만 그런 대화가 길어지면 짜증날 수밖에 없다. 사실 교회까지 와서 세상 이야기만을 할 이유는 없다. 불과 1시간 전후의 그룹 만남을 할텐데 그 시간 동안만이라도 신앙적 대화가 필요하다. 그런데 그 시간 내내 여전히 세상의 이야기, 헛된 낭설, 세속적인 잡담 등을 일삼는 것은 문제가 있다. 그런 대화들은 세상 모임에서도 가능하기 때문이다.

그렇다면 세상 이야기가 왜 끝까지 주된 관심사로 진행되는가? 두말 할 것도 없이 세상에서 전혀 하나님과 관계없는 삶을 살았기 때문이다. 그저 세상으로 꽉 차 있다가 교회를 왔는데, 세상 이야기 외에는 할 이야기가 없기 때문이다. 더욱이 한 주간 내내 큐티를 한 적은 없고, 예배마저 제대로 드린 적이 없으며, 지난 몇 달 동안 경건 서적 한 권 읽어보지 못한 삶이었으니 빈 깡통 같은 지식으로는 그럴 수밖에 없는 것이 당연한 것이다.

'오늘 나눌 주제를 모임 내내 기억하라.'

리더는 그룹을 인도할 때 그들이 한 주간 동안 세상에서 살다 왔다는 것을 인정해야 한다. 그래서 브레이크 타임이나 모임을 여는 것으로 세속적 대화를 사용할 수 있다. 당연히 사용해야 한다. 하지만 리더가 주의할 것이 있다. 리더는 세상 이야기로 시작할 수 있지만 언제나 생각 속에는 오늘 나눌 말씀의 주제를 견지하고 있어야 한다.

그래야 세속적인 것이 대화의 중심으로 흐르는 것을 막을 수 있고, 적절한 시점을 놓치지 않을 수 있으며 오히려 세속적 이야기들을 팁으로 말씀의 주제로 들어올 수 있기 때문이다.

또한 그룹 내에서 대화할 때 주의할 것들이 있다. 우선 리더가 많이 말하는 것은 적절하지가 않다. 특히 교육시키려고 하는 의도로 하는 말은 그룹 내에서 주의해야 한다. 오히려 그룹원들이 자유롭게 자기 견해를 말할 수 있도록 열어놓아야 한다.

'비신앙적인 대화를 지혜롭게 제한하라.'

무엇보다 주의할 것은 뒷담화 같은 이야기다. 분명하고 정확한 근거가 있는 것으로 대화를 끌어가되 상대방에게 확인되지 않은 루머성 소문을 말하는 것은 조심시켜야 한다. 만일 그것이 목회자들과 관련된 것이라면 특히 주의해야 한다. 그들이 교회를 다니는 요인 중의 하나는 목회자와 관련되기 때문이다. 그러므로 근거 없거나 확인되지 않은 말을 할 경우 교회를 떠나거나 신앙을 버리는 결과를 빚을 수 있기 때문이다.

그러므로 계속해서 그 같은 말을 하는 그룹원은 제한할 필요가 있다. 물론 이 같은 전환은 기술이 필요하다. 가장 좋은 방법은 그 사람이 말하는 것의 틈을 살펴 주제를 전환하는 것이 가장 좋다. 혹은 늘 그런 이야기를 하는 사람이라면 '다른 사람의 이야기도 들어 보는 것이 어때요?'라는 말로 정중히 방향을 바꾸는 것도 가능하다.

그때 이어 말할 사람은 한 주간 동안 신앙적으로 살아왔을 것 같은 안전한 사람이어야 한다. 혹은 리더가 그 역할을 하는 것이 중요한데 그때 그 사람이 상처받지 않도록 같은 종류의 세속적 이야기를 팁으로 사용하여 말씀으로 들어올 지점을 찾아 대화를 전환시켜야 한다.

'시간 계획을 세워라.'

무엇보다 가장 중요한 것은 리더가 모임을 이끌 때 시간 계획을 세우는 것이다. 나름대로 전체 소그룹 시간의 길이를 생각하고 전체 시간 계획표를 마음속에 세워 정해진 시간이 되면 자연스럽게 오늘 나눌 주제로 들어가도록 한다.

세속적 이야기가 재미있게 진행되더라도 현재 시간이 어떻게 진행되는지 환기시키고 오늘 함께 나눌 부분을 먼저 나누며 계속 이어서 하자고 정중히 권하는 것이 좋다. 많은 경우 주제를 벗어나서 오늘 나눌 말씀으로 들어서면 다시 그 나누던 이야기로 돌아가는 경우가 드물다. 시간도 그렇고, 지금 나누는 신앙적 대화가 좋은 것 때문이기도 하지만 어쩌면 세속적인 이야기를 말하는 그들도 멈추고 싶었을 것이기 때문이다.

'기도 제목을 나누라.'

소그룹 모임의 시간이 잘 진행되지 않아 예정된 시간이 넘어갈 경우 그룹원들이 한 두 사람씩 빠지는 경우가 발생한다. 그런데 문제는 신앙적인 나눔을 하지 못한 채 그들이 떠나는 것이다. 무장하고 지원받지 못한채 예배당을 나서는 셈이 된 것이다. 그러므로 반복하지만 시간을 적절하게 배분하고 마치는 시간을 정하여 제대로 진행해야 한다.

마무리 지점에서 반드시 해야 하는 것은 기도 제목을 나누는 것이다. 서로의 기도제목을 나눌 때 리더는 반드시 메모해야 하고 한 주간 동안 놓치지 않고 기도해야 한다. 그것을 그룹원들에게 반드시 말한다. 기도하고 있다는 것을 아는 것은 큰 힘이 되기 때문이다.

'축복과 격려로 마쳐라.'

언제나 마칠 때 리더는 화해하고 봉합하는 사랑의 언어를 써야 한다. 만일 교회나 목회자의 문제를 누가 제기했다면 반드시 어떤 경우라도 직접 혹은 간접적으로라도 교회에 어필하고 문제를 풀어가는 것이 중요하다.

가장 중요한 것은 리더가 그룹원들의 말을 들어주고 격려해 주고 박수 쳐주는 것이 중요하며 언제나 따뜻한 언어로 그들을 살리는 역할을 하는 것이 중요하다. 그리고 칭찬과 축복으로 마쳐야 한다.

함께 토론

세상에서 상처받고 어려움을 겪고 있는 이들에게 한 마디 격려의 말과 신앙적 대화는 큰 힘이 된다는 것을 잊지 말아야 한다. 그러므로 리더는 언제나 신앙적인 모임을 디자인해야 한다.

1. 내가 속한 그룹의 모임을 100%로 할 때 시간은 어떻게 배열되고 있는지 적어보되 함께 말씀을 나누고 말씀에 적용된 삶을 나누는 시간은 총 몇 %의 시간을 쓰고 있는지 적어 보라.

2. 소그룹원들이 쓰고 있는 언어 방식이 상처를 주고 있지는 않는지 살펴보고, 그 같은 말을 주도하고 있는 사람을 어떻게 하면 도울 수 있는지 생각해 보라.

자기 자신을 훈련해야 한다

"경건에 이르도록 네 자신을 연단하라"(딤전4:7)

컨텍스트

오늘 리더가 모임 시간에 늦었다. 미안한 마음에 리더는 자신이 오늘 커피 값을 내겠다고 했다. 커피를 즐겁게 마시면서 그룹 모임은 시작되었다. 그런데 이상하게 리더가 오늘 나눌 말씀은 나누지 않고 '삶을 나누자'고 하더니 평소에 세상적인 이야기만 즐겨하는 하수다 자매(가명)에게 '나눌 게 없느냐'고 물었다. 하수다 자매는 지난 주 봤던 드라마 이야기를 먼저 신나게 하더니 데이트 한 이야기까지 정신없이 말을 꺼내 놓았다.

리더는 왜 그렇게 행동한 것일까? 리더가 그럴 수밖에 없었던 이유는 리더의 한 주간 동안의 삶이 말씀과 떨어진 삶이었기 때문이다. 정신없이 지내다보니 오늘 나눌 말씀도 준비하지 못했다. 준비되지 않은 채 나온 것이다. 한 주간 엉망이었던 삶을 가지고 나온 것이다.

결국 하수다 자매의 이야기를 들으면서 서로 즐거워하고 웃으면서 시간을 보냈고 모임이 끝날 시간이 다 되자 상투적으로 한 주간도 열심히 살자는 말로 마무리 하고 리더는 일어섰다.

문제는 리더의 이런 모습이 오늘 하루만 있었던 것이 아니라는 사실이다. 사실 리더이지만 충분히 훈련되지 못한 리더였다. 멤버들은 심각하게 고민하기 시작했다. 전혀 신앙에 도움이 되지 않는 이 모임에 계속 참여해야 할지, 심지어 교회에 나오는 것 자체도 즐거운 마음이 들지 않았다. 리더의 경건치 못한 삶이 소그룹을 넘어 교회를 의심하는 것으로 발전시킨 것이다.

바울의 코칭

언제나 모든 위기는 리더의 위기이다. 소그룹을 포함하여 교회든 공동체든 모든 그룹의 가장 큰 문제는 리더의 문제이다. 준비되지 않은 리더가 있는 공동체는 정말 위험하다.

바울은 리더의 경건생활을 중요한 문제로 봤다. '한심한 세속적인 잡담'의 문제를 지적한 후 이어진 것이 "경건에 이르도록 네 자신을 연단하라"(딤전4:7)는 권면이었기 때문이다.

사실 이 문제는 바울이 평생 고민하여 살아왔던 문제였다. 로마서 7장에서도 토로했지만 바울은 언제나 자신이 불안했다. 바울은 하나님의 뜻을 좇아 잘 살던 고린도 교회가 어이없게 무너지고 있는 상황을 보면서 쓴 고린도전서에서 단순히 고린도 교회의 문제가 아니라 자신도 위험하다는 것을 알았다. 심지어 어느 날 자신이 무자격자가 될지도 모른다는 불안감에 사로잡혀 있었다.

"내가 다른 사람들에게 멋있게 복음을 전하였고 사람들은

열광하며 복음을 받아들였습니다. 그들 모두 그 복음의 신
비 가운데서 구원의 목표에 이릅니다. 그런데 어이없게도
나는 내가 전한 복음의 기준대로 살지 않으므로 자격미달
이 되어 탈락하는 것입니다. 그것이 나는 두렵습니다."

(하정완의역/고전9:27)

　　바울은 자신이 가장 큰 문제의 원인이라는 것을 안 것이다.
그는 자신을 낭만적으로 볼 수 없었다. 바울이 구원에 이르고
구원을 견지하며 여전히 복음을 전하면서도 자신을 지키기 위
해서는 자기 자신의 경건이 중요하다는 것을 알았다. 그가 다
음과 같이 외친 이유였다.

　　"그러므로 나는 달음질하기를 향방 없는 것 같이 아니하고
　　싸우기를 허공을 치는 것 같이 아니하며 내가 내 몸을 쳐
　　복종하게 함은 내가 남에게 전파한 후에 자신이 도리어 버
　　림을 당할까 두려워함이로다"(고전9:26-27)

　　더욱이 바울이 사는 이유는 복음이었다. 자신을 위해 대신
저주받아 죽으신 주님이 위임하신 이방인 구원사역을 수행하

는 것이 그의 존재 이유였다. 정말로 깊이 복음에 참여하고 싶었다.

　　"내가 복음을 위하여 모든 것을 행함은 복음에 참여하고자
　　함이라"(고전9:23)

　　그래서 기웃거리고 흔들리는 자신을 보면서 바울은 채찍질을 해서라도 자신을 훈련하고 싶었다. 그런 뉘앙스를 NIV 번역을 읽어보면 잘 느낄 수 있다.

　　"I beat my body and make it my slave so that..."
　　(NIV/고전9:27)

　　"내 몸을 사정없이 두들겨 패서라도 내 몸을 내 마음대로
　　움직일 수 있도록, 나의 영적인 의지의 노예처럼 자유롭게
　　쓸 수 있도록 하겠노라."(하정완의역)

　　바울에게 있어서 경건에 이르도록 연단하는 것은 선택 사항이 아니었다. 경건은 그룹 혹은 교회에 당장 영향을 미치는

것일 수 있고 무엇보다 자신이 먼저 무너질 수 있었기 때문이었다. 복음을 위해서 리더는 경건의 훈련을 게을리 해서는 안 되는 것이다.

리더 공부

"망령되고 허탄한 신화를 버리고 경건에 이르도록 네 자신

을 연단하라"(딤전4:7)

'연단하다' 헬라어 단어 '귐나조'는 '운동하다, 연습하다'는 의미를 갖는다. '연습하라?' 잘 안 된다는 말이다. 우리는 늘 음란한 쪽으로, 남을 비방하고 정죄하는 쪽으로, 쓸데없는 세상적인 쾌락과 가십거리 쪽으로, 나를 위한 생각과 편견 쪽으로, 하나님의 말씀과 거룩한 일보다 세상일과 세상적인 관심 쪽으로 흐르는 경향이 있다.

'리더의 영성이 그 그룹의 영성이다.'

소그룹 멤버들은 리더의 영적 상태를 알 뿐만 아니라 영향을 받는다. 리더는 그 그룹의 영성이 된다. 리더의 크기만큼 멤버들의 크기도 결정된다고 해도 틀리지 않다.

그러므로 리더가 온전한 경건에 이르지 못한 상태이거나, 머물고 정체하는 것은 매우 위험스러운 것이다. 멤버들도 그 정도로 끝나기 때문이다. 그런 의미에서 가장 좋은 리더는 매일 성장하는 리더라 할 것이다.

'리더는 좋은 것이든 나쁜 것이든 영향을 미친다.'

바울이 전도한 교회 중 불가사이한 교회가 데살로니가 교회이다. 2차 전도여행 시 세운 교회이지만 불과 그 곳에서 3주에서 길어야 3개월 정도 밖에 사역을 하지 못했다. 유대인들의 격렬한 반대 때문에 야반도주하여 사역을 마무리하지 못한 교회였다. 더욱이 그들은 유대교 뿌리도 없는 이방인들이 중심된 교회였다. 그런데 그 짧은 시간 사역했음에도 불구하고 엄청난 교회가 되었다.

어떻게 그리 되었을까 의문이 들기도 하지만 데살로니가전서를 읽다보면 그 단초를 찾을 수 있다. 우선 바울은 데살로니가에 있을 때 당시 작업장인 '인슐라'에서 밤낮으로 일하면서 동시에 복음을 전했다. 이것은 부정할 수 없는 사실이었고 데살로니가 교인들도 알고 있었다. 데살로니가후서를 보면 짐작할 수 있는데 야손의 집에 거하면서도 어떤 부담도 주지 않고 심지어 생활비와 식비도 다 지불한 것으로 보인다.

"누구에게서든지 음식을 값없이 먹지 않고 오직 수고하고
애써 주야로 일함은 너희 아무에게도 폐를 끼치지 아니하
려 함이니"(살후3:8)

'본받은 자가 본받을 자가 된다.'

여러 어려움과 고통이 있었지만 바울은 믿음의 본을 보인 것이다. 마치 결벽증 걸린 환자처럼 그리스도를 닮은 삶을 살았다. 그런데 데살로니가 교회가 그의 삶을 본받은 것이다.

심지어 더 발전하여 바울을 넘어 그리스도를 닮은 삶으로 나아갔다.

"여러분은 많은 환난 중에서도 성령께서 주시는 기쁨을 가지고 말씀을 받아 들여 우리뿐만 아니라 주님까지 본받았습니다."(공동번역/살전1:6)

더 놀라운 것은 데살로니가 교인들이 다른 이들의 본이 되었다는 점이다. 본받은 자가 본받을 자가 된 것이다.

"그러므로 너희가 마게도냐와 아가야에 있는 모든 믿는 자의 본이 되었느니라"(살전1:7)

불과 믿은 지 몇 개월 되지 않은 교회가 세상을 뒤흔든 것이다. 여기서 우리가 깨닫게 되는 것은 짧고 긴 시간의 문제가 아니라 진정한 삶, 그것도 리더의 삶이 멤버들에 영향을 주고 바꿀 수 있다는 사실이다.

'리더가 양육 자체이다'

가장 좋은 어머니와 아버지는 아이들과 함께 책을 읽으며 공부하는 사람이고 가장 좋은 목사는 실제로 말씀과 기도에 전무하며 예수의 케노시스 삶을 사는 사람이다. 다른 말이 필요 없다.

당연히 가장 좋은 리더는 무슨 대단한 사역을 하는 사람이 아니라 크리스천으로서 경건한 삶을 살고 자기를 쳐서 복종시켜 사는 것을 게을리 하지 않는 자이다. 비록 어눌한 말을 가졌을지라도 그의 삶이 가장 강력한 증거가 될 수 있기 때문이다.

'리더십은 라이프 스타일이다.'

"예수께서 나가사 습관을 따라 감람 산에 가시매 제자들도 따라갔더니"(눅22:39)

리더로서 완전한 예수 그리스도를 표현하는 것으로 사용한 기록 중 이만한 기록은 없다. 이 모습의 핵심은 개역 성경이

"습관"이라 번역하였지만 '라이프 스타일'이라 말하는 것이 옳다. 그 어떤 삶의 환경과 위기도 그의 삶의 패턴을 바꾸지 못할 만큼 견고하고 단단했던 것이다. 그런 의미에서 리더는 훈련되어져 자연스럽게 흘러나올 정도의 단단한 경건이 되어야 한다.

> "육체적인 훈련이 가져다 주는 이익은 대단한 것이 못됩니다. 그러나 경건한 생활은 모든 면에서 유익합니다. 그것은 현세의 생명을 약속해 줄뿐 아니라 내세의 생명까지도 약속해 줍니다. 이것은 틀림없는 말이고 누구나 받아 들일 만한 것입니다."(공동번역/딤전4:8-9)

우리 리더들의 경건 훈련의 목표는 훈련되어져서 몸에 밸 정도가 되는 것이어야 한다. 그래서 더 이상 육체가 영적인 생활에 방해 되지 않는 존재가 되어야 한다. 그때까지 우리는 바울처럼 멈추지 말아야 한다. 치열해야 한다.

> "내 몸을 사정없이 두들겨 패서라도 내 몸을 내 마음대로 움직일 수 있도록, 나의 영적인 의지의 노예처럼 자유롭게 쓸 수 있도록 하겠노라."(하정완의역)

함께 토론

리더지만 반드시 다음의 질문들을 자신에게 적용해서 대답할 필요가 있다. 이 질문들을 이미 다 지키고 있는 리더도 있겠지만 자신은 어떤 상황인지 정직하게 대답해 보라.

1. 나의 예배 생활은 어떤가? 예배가 나의 삶에 있어서 양보할 수 없는 중심인가?

   ----

2. 큐티 생활 혹은 매일 말씀묵상 생활은 어떤가? 매일 날마다 라이프 스타일로 살고 있는가?

   ----

3. 헌금 생활은 어떤가? 최소한 우리 모든 것이 하나님의
   소유임을 인정하는 고백으로 십일조는 하고 있는가?

   -

   -

   -

4. 기도 생활은 어떤가? 사람들은 내가 기도하고 있다는 것
   을 눈치 챌 만큼 기도하고 있는가?

   -

   -

   -

다른 가치를 말해야 한다
"우리 소망을 살아 계신 하나님께 둠이니"(딤전4:10)

컨텍스트

오늘 리더는 자신이 있었다. 그 전 주간과 달리 지난주는 매일 잊지 않고 큐티를 하였고 나름대로 경건생활을 잘 하였다. 사실 그동안 어려웠던 남자친구와의 문제도 잘 풀렸고 모든 것이 잘 된 한 주였다. 역시 하나님과 동행을 하니 모든 것이 잘 되는 것임에 틀림이 없었다. 함께 나눌 이야기가 많았다. 발걸음이 가벼웠다.

'한 주간 잘 지냈죠?'

여전히 하수다 자매는 씩씩하게 대답하였고 지난 주간 있었던 이야기들을 풀어놓기 시작했다. 그런데 늘 말이 없었지만 오늘 유난히 우울해 보이는 한 지체가 보였다. 이은희 자매(가명)였다.

'은희 자매, 무슨 힘든 일이 있었나요? 힘들어 보이네요.'

갑자기 생각이 났다. 지난 목요일 입사 면접 결과가 나온다고 했는데 잘되지 않은 것이 분명했다. 사실 이은희 자매는 빨리 회사에 입사해야 했다. 아버지가 퇴직한 후 집안 형편도 나빠진 상태여서 걱정을 많이 하던 상태였다.

하수다 자매도 눈치를 챘는지 갑자기 목소리가 줄어들었다. 갑자기 모임이 무거워졌다. 한 주간 있었던 즐거운 이야기와 하나님의 일하심을 말하기가 힘든 것을 리더는 느꼈다. '주님과 동행하는 삶의 기쁨'을 나누고 말하려던 계획을 그대로 진행할 수가 없었다.

리더는 무엇을 어떻게 이야기 해야 할지 당황스러웠다. 오늘 나눌 말씀을 생각하고 큐티를 나눴지만 매우 힘들었다. 평소보다 더 빨리 모임을 마칠 수밖에 없었다. 달리 할 말이 없었다.

바울의 코칭

바울이 사역하던 시기는 지금의 시기와는 비교할 바가 되지 않았다. 그 당시 세계의 절대 패권은 로마가 갖고 있었고 팍스 로마나 정신으로 통치를 늘려가고 있었다. 그것은 신앙조차 자유롭지 못한 위기에 들어서는 것을 의미했다.

아직 본격적인 박해가 시작된 것은 아니었지만 이미 예루살렘의 크리스천들을 비롯하여 많은 크리스천들이 세상 이곳저곳으로 흩어지고 있던 때였다. 로마의 기독교 탄압이 본격화될 조짐을 보이고 있었다.

물론 일시적 소강상태로 인해 바울이 로마의 감옥에서 풀려났을 때 이 편지를 썼지만 여전히 위기는 잠복 중이었고 계속

되고 있었다. 당연히 디모데도 엄청난 도전을 받고 있었다. 안팎의 도전이었다. 언제 어떻게 잡혀서 죽임 당할지 모르는 매우 위기적 상황이었다. 세상은 최악이었다.

하지만 세상과 교회는 사람 사는 곳이었고 여전히 세상적인 문제가 고민이 되었다. 위기의 세상이지만 동시에 세상적인 문제로 고민하는 시대였다. 분명히 그런 갈등과 고민을 갖고 있을 디모데에게 바울이 권면한 것은 '시각을 달리 하라는 것' 이었다. 리더의 시각이 중요하다는 권면이었다.

> "우리가 수고하고 힘쓰는 것은 우리 소망을 살아 계신 하나
> 님께 둠이니 곧 모든 사람 특히 믿는 자들의 구주시라"
> (딤전4:10)

이 세상을 살지만 이 세상이 아니라 하나님을 보라는 것이었다. 그렇게 해야 하는 이유는 그분이 "모든 사람 특히 믿는 자들의 구주"시기 때문이라고 확정하여 말하였다.

실제로 바울과 디모데 등 믿음의 사람들은 그렇게 세상을

극복하였고 세상을 넘어 하나님의 사람들로 살았다. 다른 종류의 사람들이었다. 이 세상을 살지만 저 세상의 가치로 사는 자유한 이들이었다.

오늘 우리는 그렇게 살지 못한다. '소망을 하나님께' 둬야 하지만 우리는 세상적이고 육체적이다. 하나님과 함께, 하나님으로 그 문제를 바라보지 못한다. 아무리 다짐해도 금방 잊고 우리는 예전으로 돌아간다. 왜 그럴까? 익숙하기 때문이다. 바울은 에베소서에서 이렇게 그것을 설명하였다.

> "너희는 유혹의 욕심을 따라 썩어져 가는 구습을 따르는 옛
> 사람을 벗어 버리고"(엡4:22)

영화 '쇼생크 탈출'을 보면 쇼생크 감옥 안의 도서관에서 일하면서 50년이나 수감되었던 브룩스가 자유로운 몸이 되어 출감을 앞두게 되었다. 그런데 그때부터 그는 불안해지기 시작했다. 그 세상을 벗어나는 것은 상상할 수 없다고 여긴 것이다. 브룩스는 모두가 혐오하는 그 감옥에 남기 위하여 동료를 붙잡고 칼을 들이대고 인질극을 벌였다. 원래 자유로운 몸

이고 희망으로 살아야 한다는 것을 잊어버린 것이다.

왜 이렇게 된 것일까? 사람들은 그가 미쳤다고 이야기했지만 그의 동료 레드(모건 프리먼)의 이야기가 참 기막혔다.

'브룩스는 미친 것이 아냐. 교도소에 길들여진 것뿐이야.'

레드의 말대로 브룩스는 세상에 나가 적응하는데 실패하였고 결국 그의 결정은 불행하게도 자살이었다. 죽음으로 모든 것을 포기할 만큼 강력하게 브룩스는 길들여졌던 것이다. 익숙함의 굴레였다. 동의하지 않을지도 모르지만 "썩어져 가는 구습을 따르는 옛 사람"이라고 말한 바울의 의미이다. 길들여진 것이다.

깨어있지 않으면 그냥 가만히 그쪽으로 흘러간다. 소위 우리는 프로그램된 것의 영향을 받는다. 세상이 그토록 많은 돈과 힘을 쏟아 부어 광고를 만드는 이유도 우리에게 프로그램을 집어넣기 위함이다. 단적으로 광고를 예로 들었지만 우리는 수많은 프로그램이 몸에 새겨지는 것을 허용하여 왔다. 그런 프로그램이 우리 안에 새겨지는 것이 쉬운 이유를 바울은 우리가 "유혹의 욕심을 따라" 살기 때문이라고 설명한다. 그래서 더욱 더 그 상황에서 벗어나기가 힘든 것이다.

그렇다면 이미 길들여져서 매우 자동적으로 "유혹의 욕심을 따라 썩어져 가는 구습을 따르는 옛 사람"을 어떻게 할 것인가? 성경은 '옛 사람을 벗어버릴 것'(엡4:22)을 요청하였다. 우리가 살아온 날 동안 만들어진 자신 곧 거짓 자아, 옛 사람에게 휘둘리지 않기 위하여 그 옛 사람을 벗어버리는 훈련이 필요하다는 뜻이다(이를 위해 침묵기도 훈련이 효과적이다. 하정완, 21일 침묵기도 연습하기. 생명의말씀사). 동시에 우리 "새 사람"을 입어야 한다.

"옛 사람을 벗어 버리고 오직 너희의 심령이 새롭게 되어
하나님을 따라 의와 진리의 거룩함으로 지으심을 받은 새
사람을 입으라"(엡4:22-24)

간단히 말하면 옛 사람을 벗어버리는 내면의 청소를 하고 그 안에 "의와 진리의 거룩함", 곧 우리를 그렇게 이끄는 말씀

을 넣어야 한다. 이처럼 내면의 정화가 이뤄지고 말씀으로 들어찬 존재가 "새 사람"이라면 그는 '소망을 살아 계신 하나님께 둠'(딤전4:10)이 가능한 존재로 변할 것이다. 하나님의 시각을 현재를 바라보는 존재가 되는 것이다.

분명히 바울 당시는 지금보다 훨씬 열악하고 힘든 환경에 놓여 있었다. 히브리서 기자가 적어놓은 글의 일부만 읽어도 충분히 알 수 있다. 하지만 그들은 전혀 문제가 되지 않았다. 오히려 세상이 그들을 두려워하였고 감당할 수 없었다.

> "또 어떤 이들은 조롱과 채찍질뿐 아니라 결박과 옥에 갇히는 시련도 받았으며 돌로 치는 것과 톱으로 켜는 것과 시험과 칼로 죽임을 당하고 양과 염소의 가죽을 입고 유리하여 궁핍과 환난과 학대를 받았으니 (이런 사람은 세상이 감당하지 못하느니라)"(히11:36-38)

그 어떤 것도 그들의 시선을 흐리게 만들지 못했다. 그들은 주님을 바라보고 있었고 그것이 힘이었기에 얼마든지 다음과 같은 권면이 어렵지 않았다.

"믿음의 주요 또 온전하게 하시는 이인 예수를 바라보자 그는 그 앞에 있는 기쁨을 위하여 십자가를 참으사 부끄러움을 개의치 아니하시더니 하나님 보좌 우편에 앉으셨느니라"(히12:2)

리더 공부

어느 날 쇼생크 감옥에 전혀 다른 가치를 가진 사람, 앤디(팀 로빈스)가 들어왔다. 그는 교도소안의 사람들과 달랐다. 거의 모든 사람들은 쇼생크에 순응하고, 그들의 종교를 따라갔지만 앤디는 달랐다.

세상에서 유능한 회계사였던 앤디는 교소도 안의 모든 간수들과 소장의 회계 업무를 봐주면서 교도소 최고 권력의 조력자로 인정받았고 편하게 살게 되었다. 하지만 앤디는 알고 있었다. 아무리 좋아도 쇼생크는 감옥이라는 것을 말이다. 그래서 앤디는 길들여지지 않았다.

그는 비록 쇼생크에서 살았지만 쇼생크 밖의 삶의 방식을 택하였다. 그는 분명히 달랐다. 예를 들어 수십 년을 도서관에서 일했던 브룩스는 꿈도 꾸지 못했던 것, 도서관을 넓히는 계획을 삼고 시도하였다. 계속된 앤디의 탄원 편지 때문에 주정부로부터 지원을 받게 되는데, 받은 물품 중 모차르트의 오페라 '피가로의 결혼' 음반을 발견하자 앤디는 상상할 수 없는 도발을 하였다. '피가로의 결혼'에서 백작 부인과 수잔나가 부르는 편지의 이중창, '바람이 부드럽게…' 시작되는 아리아를 교도소 전 죄수가 들을 수 있도록 틀어놓은 것이다. 그것 때문에 며칠을 독방 신세를 져야 했지만 그는 다른 삶을 살고 있었다. 이미 쇼생크 세상은 그를 감당할 수 없었다. 그의 소망 때문이었다. 다른 시각을 갖고 있었기 때문이었다.

"믿음은 바라는 것들의 실상이요 보이지 않는 것들의 증거니"(히11:1)

하물며 크리스천 리더이겠는가? 당연히 이런 태도로 살아야 하고 권면할 수 있어야 한다. 그런데 그렇게 살지 못한다. 이유는 간단하다. 리더가 그런 가치와 소망을 두고 살고 있지 못하기 때문이다. 그러므로 '다른 가치와 소망'을 말하려면 평상적인 삶에서 리더가 그런 추구를 하는 이여야 한다. 그래야 자연스럽게 그런 시각으로 권면할 수 있기 때문이다.

'평상의 삶이 다른 가치적 삶이어야 한다.'

그런데 만일 리더가 이 세상만 바라보고 이 세상의 가치에 오염된 존재라면 세상을 이야기할 것이다. 이 세상이 가장 중요한 가치이고 목적이기 때문이다. 더욱이 세속적 성공과 번영을 주장하는 번영신학에 길들여진 리더라면 어려움을 당한 그룹원들 앞에서 믿음을 꺼내는 것은 힘들 것이다.

하지만 리더 자신이 이 같은 가치를 가지고 사는 사람이라면 삶 속에서 경험했을 것이고 성경의 이런 가르침이 매우 자연스러울 것이다. '우리 소망을 살아 계신 하나님께 둠'(딤전 4:10)은 지극히 당연한 태도였을 것이다.

물론 초대교회 상황과 비교해서 이은희 자매가 만난 문제를 쉽다고 이야기하라는 뜻이 아니다. 그런 권면은 썩 좋은 방법이 아니다. 먼저 성경이 가르치는 대로 권면해야 한다. 하나님께 소망을 둔 언어로 권면해야 한다.

'우리 같이 주님을 의지하며 바라봐요.'

만일 리더가 평소에 주님을 의지하며 바라보는 삶을 살고 있었다면 이 같은 권면은 강력한 격려가 되었을 것이고 이은희 자매도 수긍했을 것이다. 더욱이 그동안 봐 왔던 리더의 삶의 태도가 그리 하였다면 충분히 받아들일 것이다. 그리고 이 같은 리더의 말에 힘을 얻을 것이다.

'기도해요. 우리도 기도로 도울게요.'

이처럼 리더가 다른 그룹원들과 함께 기도하는 것으로 이은희 자매는 용기를 얻을 것이다. 그때 다른 시각을 갖게 될 것이다. 갑자기 새로운 길이 보일 것이다. 물론 리더가 하는 것이 아니라 기도할 때 하나님이 성령님을 통해 허락하실 것이다. 이것이 기독교이고 하나님은 언제나 그렇게 역사하셨다.

'기도는 새로운 시각을 열어준다.'

그런데 리더의 평상시 삶이 소망을 하나님께 두고 예수를 바라보는 삶이 아니었다면, 더욱이 기도는 식사기도 정도만 하고 깊이 주님께 기도하는 관계도 없으며 성경은 설교를 들을 때나 혹은 가끔 이벤트하는 정도로 읽는 삶이었다면 위와 같은 태도와 권면을 하는 것은 불가능하며 설령 하더라도 힘을 없을 것은 뻔 한 일이다.

'리더의 신앙적 삶이 강력한 권면의 내용이다.'

반드시 주의할 것이 있다. 이 같은 삶의 태도와 모습은 권하고 부탁해야하는 사항이 아니라 명령 사항이다. 바울은 명령으로 요청하였다. 우리는 반드시 그렇게 살아야 하고, 그것이 목표가 되어야 한다. 그렇게 요청하는 것이 매우 자연스럽고 당연할 정도로 말이다.

"너는 이것들을 명하고 가르치라"(딤전4:11)

함께 토론

리더는 다른 시각을 가지고 있어야 한다. 그의 권면은 세상적 방법이 아니라 하나님의 방법이어야 하고 아무리 절망적이고 어려울지라도 기도할 수 있어야 한다. 준비가 되어야 한다.

1. 나의 평상시 신앙적 삶은 어떠한가? 그룹원들이 어려움을 토로할 때 신앙으로 권면하고 기도할 준비가 되어 있는가?

   ----

2. 우리 그룹의 분위기는 어떤가? 이 같이 함께 권면하고 신앙으로 권면하는 것이 가능한가? 자유로운가? 함께 기도를 요청하고 기도하는 것이 자연스러운가?

예수를 본받으면 된다

"누구든지 네 연소함을 업신여기지 못하게 하고 오직
말과 행실과 사랑과 믿음과 정절에 있어서 믿는 자에게
본이 되어"(딤전4:12)

컨텍스트

언제나 리더에게 하수다 자매는 힘이 되었다. 늘 분위기를
만들어 주었고 무엇보다 리더를 존중하며 리더십을 인정하기
때문이었다. 정작 어려움을 주는 사람은 김경험 자매(가명)였
다.

김경험 자매는 리더보다 나이가 네 살이 위였고 리더가 교
회 오기 전인 고등학교 시절부터 다니고 있었다. 그렇지만 여
러 가지 이유로 교회 훈련에 참 참여하지 않았고 자주 예배도

빠지는 자매였다. 그런데 아버지가 교회 중직을 맡고 있었고 오래 다닌 까닭에 목사님과도 친했다. 그래서 그런 것인지 몰라도 교회 소식을 누구보다 빨리 접하고 이야기하였다. 특히 나이가 많다는 무기로 리더를 조금 무시하는 경향이 있었다.

어느 날이었다. 김경험 자매가 리더와 상의 없이 예배를 마치자마자 놀러 가는 계획을 세운 것이다. 당연히 예배를 드리고 난 후에야 리더는 그 사실을 알았다. 물론 딱히 예배 후 다른 계획이 없어서 그날 그룹모임을 하지 않고 좇아가기는 하였지만 늘 이런 식이었다.

하지만 여전히 학교를 다니거나 직장 초년생인 다른 그룹원들 뿐만 아니라 대학원을 다니는 리더 역시 교회를 오래 다녔고 탄탄한 직장을 다니고 있는 김경험 자매를 의지하고 있었다.

문제는 그룹이 김경험 자매의 패턴을 좇는다는 것이다. 그녀는 큐티나 신앙생활을 제대로 하지 않았다. 모임에 와서는 늘 세상적인 이야기로 전체 모임을 주도하였고 하수다 자매와 달리 리더의 인도를 잘 좇지 않았다. 리더는 자신보다 김경험 자매가 리더로 더 적합해 보였다. 사회생활도 그렇고 교회생활도 그렇고 모든 것이 나아보였다. 자신의 리더십은 부족해 보였다. 리더는 심각한 고민에 빠졌다.

바울의 코칭

로마에서 2년 동안의 가택 연금에서 풀려나자 바울은 자유롭게 소아시아, 유럽을 다니면서 복음을 전한 것으로 보인다. 처음에는 디모데나 디도 같은 제자들이 같이 동행한 것으로 보이지만 소아시아 교회들을 방문한 후 다시 마게도냐로 넘어가던 바울은 디모데를 에베소에 남겨두고 목회하게 하였다.

"내가 마게도냐로 갈 때에 너를 권하여 에베소에 머물라 한

것은"(딤전1:3)

바울은 다시 에베소로 돌아갈 수 있을 것으로 기대했던 것으로 보인다(딤전3:14-15). 하지만 계획대로 진행되지 않자 디모

데전서를 쓴 것인데, 디모데를 걱정하고 있었기 때문이었다. 앞에서 말한 것과 같이 디모데는 다른 리더들과 달리 나이가 상대적으로 적었던 것으로 보인다.

뿐만 아니라 디모데가 사역하고 있는 에베소 교회는 산전수전 다 겪은 교회였다. 바울이 처음 에베소 교회를 간 것은 2차 전도여행의 끝자락 고린도를 떠날 때 아굴라와 브리스길라와 동행했을 때였다. 그때 바울은 두 사람을 에베소에 남겨두고 안디옥으로 떠났었다. 그동안 에베소에는 걸출한 성서학자인 아볼로가 사역했었고 그 후 바울이 에베소에 와서 2년 동안 사역을 하였다.

바울은 사역하는 동안 유명한 두란노 서원을 세우고 체계적으로 말씀을 가르쳤는데, 순회 전도자였던 바울이 이처럼 한 곳에 2년이나 머물면서 서원을 만들어 운영한 것은 이례적인 일이었다. 그만큼 에베소는 중요하고 대단한 도시였다. 특히 에베소에는 고대 7대 불가사의 중 하나로 꼽히는 아데미(아르테미스)신전이 있었다. 아덴(아테네) 못지않게 매우 중심적인 종교도시였다.

잘 알다시피 에베소 교회는 요한계시록에 등장하는 소아시아 일곱 교회 중 가장 부요하고 엄청난 교회였다. 대단한 스펙을 가졌다.

> "내가 네 행위와 수고와 네 인내를 알고 또 악한 자들을 용납하지 아니한 것과 자칭 사도라 하되 아닌 자들을 시험하여 그의 거짓된 것을 네가 드러낸 것과 또 네가 참고 내 이름을 위하여 견디고 게으르지 아니한 것을 아노라"(계2:2-3)

단지 그들에게 문제가 있다면 처음 사랑을 버렸다는 것이 전부였다. 그만큼 똑똑하고 지성적이며 부요하고 강력한 교회였다. 디모데는 이 교회에서 목회하고 있었던 것이다. 이처럼 대단한 교회에 젊은 리더인 디모데를 바울이 걱정한 것은 당연한 일이었다. 다른 것보다 나이가 어린 것이 그들이 가볍게 대하는 요인이 되지 않을까 걱정하였다.

> "누구든지 네 연소함을 업신여기지 못하게 하고 오직 말과 행실과 사랑과 믿음과 정절에 있어서 믿는 자에게 본이 되어"(딤전4:12)

연소함을 업신여기지 못하게 하라. 그것의 방법은 예상외로 간단했다. '본이 되는 것'이었다. 우리는 일반적으로 직책의 권위 같은 것으로 자신을 보호하고 행사하고자 하지만 바울은 '본'을 보이라고 권면하였다. 나이가 어려도 리더십을 인정받을 수 있는 방법은 '본'이라고 여긴 것이다.

이것은 주님이 보여주신 방법이다. 사실 주님의 제자들은 그 당시 리더로 분류될 수 없었던 스펙을 갖고 있었다. 그런데 주님이 그들을 부르시면서 리더가 되라고 말씀하셨다. 그리고 방법을 가르치셨는데 예수 자신을 본받으라는 것이었다. 실제로 예수가 보여준 것은 성육신으로 드러난 케노시스, 자기를 부정하는 것이었다. 하나님의 지위를 버리고 인간이 되신 것, 예수가 말하는 리더십의 핵심이었다.

"내가 너희에게 행한 것 같이 너희도 행하게 하려 하여 본을 보였노라"(요13:15)

우리 역시 부족할지 모른다. 그럴수록 우리 기준은 예수 그리스도여야 하고 그의 종된 리더십을 좇으면 된다. 한 걸음

더 나아가 바울은 예수를 본받은 자신을 본받으라고 하였다. 이해하기가 쉬웠을 것이다. 본받는 것이 방법이었다.

> "내가 그리스도를 본받는 자 된 것 같이 너희는 나를 본받으라"(고전11:1)

무슨 특별한 비법이 있는 것이 아니다. 리더십은 '본이 되는 것'이고 그 근본은 예수를 닮는 것이다. 이 방법을 대체할 다른 방법은 없다.

리더 공부

리더는 김경험 자매보다 학벌로 앞설 수 없었고 교회 중직인 부모님을 둘 수도 없었으며 이 교회를 오랜 다닌 스펙도 좇을 수 없었다. 더욱이 나이도 김경험 자매보다 어렸다. 모든 면이 부족했다.

그런데 그룹원들은 김경험 자매를 따르는 것 같았지만 리더를 더 신뢰하였다. 비록 나이는 어리지만 그룹원들은 리더가 늘 자신들을 위해 기도하고 있고 일주일 동안의 삶이 주님을 묵상하는 말씀의 사람이라는 것도 알고 있었다.

그룹원들에게는 그것이 더 중요했다. 사실 세상에는 김경험 자매보다 훨씬 학벌과 스펙이 좋은 사람이 많다. 그러나 믿음의 문제는 스펙의 문제가 아니었다. 그런 까닭에 그룹원들은 리더의 기도를 더 신뢰하였다.

"알아두어라, 야훼께서는 경건한 자를 각별히 사랑하시니,
내가 부르짖으면 언제나 들어주신다."(공동번역/시4:3)

유관순은 삼일운동 당시 17살이었고, 윤동주는 28살에 죽었다. 아펜젤러는 26살에, 언더우드는 25살에, 그리고 히스기야는 25살에, 예수와 제자들은 2-30대의 젊은 청년들이었을 때 하나님의 사역을 시작하였고 빛을 내었다.

중요한 것은 나이가 아니라 삶이다. 어떤 삶을 살고 있는가가 그의 리더십을 결정하는 것이다. 바울이 강조한 것처럼 '본

이 되는 삶'은 얼마든지 나이를 넘어서기 때문이다.

내가 청년 시절 30살이었을 때 지역 교회에서 교육목사로 사역하고 있었다. 그런데 교육관이 엉망이었다. 오래 된 교회는 먼저 성인들을 위한 시설을 먼저 개보수 하였다. 아이들을 위한 교육관은 우선순위가 아니었다. 당장 교육관 개선을 위한 계획도 세우는 것 같지 않았다.

그때 다르게 행동했다. 그 당시 강력한 어른 장로님들이 반대하였지만 아랑곳하지 않고 움직였다. 그때 내가 먼저 한 달 월급을 헌금하였다. 그것이 시작이었다. 비록 나는 30살의 청년 목사였지만 나보다 나이가 많은 교사들과 교육부 임원들이 모두 자신의 월급과 수입의 일부를 드리기로 결정하였다. 그것으로 충분하였다. 멋있고 근사한 교육관 보수와 냉난방 공사를 훌륭하게 마무리할 수 있었다. 재미있게도 그 당시를 회상하는 이들이 그때 나이가 30살이라고 하면 다들 깜짝 놀란다. 훨씬 나이가 들어보였다고 회상한다. 나이는 분명 어렸지만 어려 보이지 않았던 것이다.

우리 교회 어떤 리더는 다른 그룹의 리더들보다 나이가 어리지만 자기만의 방식으로 그룹을 인도한다. 그는 교회가 정하거나 주어진 방식을 새롭게 적용하거나 발전시켜 새롭게 자신의 소그룹만의 운영 방법을 만들었다. 뿐만 아니라 자신에게 주어진 멤버들을 잘 돌봤다. 교회는 믿음이 시원찮고 잘 적응하지 못하는 지체들을 그곳에만 보내었다. 그가 잘 할 것을 알기 때문이었다.

소그룹은 세속적 언어로 말하면 일인기업이고 교회로 말하면 또 하나의 작은 교회라 할 수 있다. 리더는 일종의 작은 목사이다. 나이가 어린 것은 문제가 될 수 없다. 예수 그리스도를 본으로 삼고 좇아가면 된다. 연소함 같은 세상적인 기준을 들이댈 때 우리는 하나님 나라의 기준으로 주님의 본을 따라 살면 된다. 그것으로 충분하다.

함께 토론

교회에서도 사람들은 세상의 경험을 주장하고 그 방법대로 이끌려한다. 그때 리더가 성경이 말하는 방법과 가르침을 따르지 않으면 세상의 방법을 주장하는 경험 많은 연장자들이 힘을 행사하게 된다. 리더의 무기는 신앙이어야 한다. 이것을 놓쳐서는 안 된다.

1. 나는 나이 때문에 스스로 주춤하고 있지 않는가? 예수를 본받아 살면 된다. 주님이 보여주신 방법으로 삶의 영역에서 크리스천답게 살면 된다. 그것이 옳은 방법이다. 지금까지 나의 삶은 어떠했는가?

----

2. 내가 인도하는 그룹은 또 하나의 작은 교회이고 리더는 또 하나의 작은 목사이다. 주님이 위탁하신 목회지이다. 나는 어떤 태도로 그룹을 이끌고 있었는가?

리더 공부

07

힘들수록 더 열심히 하면 된다

"내가 이를 때까지 읽는 것과 권하는 것과 가르치는 것에
전념하라"(딤전4:13)

컨텍스트

리더로 섬기는 것은 쉽지 않았다. 하지만 열심히 그룹원들
을 돌보았다. 대학원 공부도 바빴지만 시간을 쪼개어 만나서
그들의 고민을 들으려고 애썼고 어떻게든 도우려고 하였다.
하지만 시간이 지날수록 리더는 깊은 고민에 빠졌다. 예상외
로 그룹원들이 당하는 여러 어려움을 듣는 것도 힘들었지만
적절히 무엇을 어떻게 상담하고 도와야할지 부족함을 절실히
느꼈다.

더욱이 어느 날부터인가 그들의 어려움을 듣고 만나는 일이 부담스러워지면서 그동안 즐겁던 큐티도 힘들었고 말씀을 나누는 것도 부담스러운 일이 되었다. 자꾸 무엇인가 그들의 상황을 배려해서 말하려 하였고 그것이 더 큰 부담감으로 찾아왔다. 심지어 신학교를 가야하는 것인가, 내가 목사님도 아닌데 어떻게 할 것인가 하는 질문이 생겼다.

이 상태를 계속 가다가는 리더를 그만 둬야 할 것 같았다. 사실 리더는 아버지의 건강 상태가 갑자기 안 좋아지면서 고민이 더 되었다. 목사님에게 도움을 요청하지 않을 수 없었다. 원래 리더는 자신의 역할을 내려놓을 마음을 가졌었다. 그러나 목사님이 하신 말씀은 의외였다. '조금 더 열심히 하자'는 것이었다.

바울의 코칭

디모데 역시 심각한 고민이 빠졌던 것 같다. 나이가 어린 것도 문제가 되었고 본을 보이고 사는 것은 시간이 필요했다.

갑자기 디모데가 어떻게 해야 할지 몰랐다. 바울 선생님의 말을 좇아 무엇인가 더 하고 싶었지만 무엇을 해야 할지 잘 보이지 않았다. 이 같은 디모데의 상황을 전해 받았을 때 바울이 디모데에게 권면한 것은 매우 단순했다.

"내가 이를 때까지 읽는 것과 권하는 것과 가르치는 것에
전념하라"(딤전4:15)

사실 가장 어려운 것인지도 모른다. 하지만 리더가 해야 할 일이었다. 언제나 어려움을 당할 때 일반적으로 사람들은 다른 인간적인 방법을 사용한다. 사회에서 하는 쉬운 방법들을 택하는 경향이 있다.

그러나 선생 바울이 제일 먼저 요청한 것은 '읽는 것'이었다. 여기서 쓰인 헬라어적 의미는 NIV 성경 등이 번역한 것처럼 'the public reading of Scripture' 곧 '낭독'을 의미한다. 그 당시에는 성경을 누구나 갖고 있었던 것이 아니어서 한 사람이 성경을 읽을 때 전 회중이 같이 듣고 나누었다. 그것이 일종의 설교였고 성경공부였다. 바울이 디모데에게 말한 것

은 인간적인 방법이 아니라 정공법이었다. 가장 기본적인 것에 계속 충실하라는 권면이었다.

두 번째가 '권하는 것'이었다. 헬라어 표현은 '파라클레이시스'인데 '위로, 권고' 등으로 번역되는 단어이다. 그 어원은 '파라칼레오'로 '가까이서 말하다, 위로하다, 훈계하다, 격려하다' 등의 의미를 가지고 있다. 재미있는 것은 '성령'을 주님이 설명하실 때 '보혜사'라고 표현 하셨는데 '파라칼레오'를 어원으로 하는 '파라클레이토스'를 사용했다.

그러므로 '권하는 것'의 의미는 매우 가까이서 친밀함으로 권면하고 격려하며 위로하는 행위임을 알 수 있다. 적극적으로 그룹원들의 상황을 돌아보고 그들의 이야기를 듣고 격려하며 위로하는 것이 중요하다는 뜻이다.

마지막으로 세 번째 요청한 것이 '가르치는 것'이라고 바울은 말했다. 바울이 첫 번째로 말한 '읽는 것'이 함께 성경 말씀을 나누고 성경공부를 하는 것이라면 '가르치는 것'이란 단순한 가르침이라 볼 수 없다. 언제나 기독교의 가르침이 그렇지만 바울이 말한 '가르치는 것'은 주님의 지상명령에서 이해되어야 한다.

"그러므로 너희는 가서 모든 민족을 제자로 삼아 아버지와 아들과 성령의 이름으로 세례를 베풀고 내가 너희에게 분부한 모든 것을 가르쳐 지키게 하라 볼지어다 내가 세상 끝 날까지 너희와 항상 함께 있으리라 하시니라"(마28:19–20)

주님은 지상명령을 주시면서 "내가 너희에게 분부한 모든 것을 가르쳐 지키게 하라"고 말씀하셨다. NIV는 이 부분을 'teach to observe'라고 번역하였다. '준수할 수 있을 때까지' 가르치라는 뜻이다. 곧 주님의 지상명령을 좇아 제자를 삼고 세례를 주고 말씀을 가르치되 결국 그의 제자 역시 자신과 같이 될 수 있을 만큼 성숙하도록 이끌어야 하고 결국에는 또 한 사람의 리더가 되도록 도와야 한다는 뜻이다.

바울이 현저히 어려움을 겪고 있는 디모데에게 내린 처방은 더 열심히 전심으로 이끄는 것이었다. 어렵고 힘들기 때문에 피하거나 다른 쉬운 방법을 택하는 것이 아니라 더 열심히 하는 것을 요청하였다.

'더 전념하라.'
'오히려 더 가르치기를 추구하라.'

리더 공부

우리는 보통 어려움이 올 때 좀 쉬어가는 것이 좋지 않을까 생각한다. 혹은 쉬운 길을 택한다. 일반적으로 그렇게 결정한다. 그것이 해결책처럼 보여서이다. 하지만 오히려 그것이 침체에 빠지게 되는 이유이다. 아예 회복되지 않을지도 모른다.

국가대표로 있을 때 이승엽 선수가 한참 슬럼프를 겪다가 극적인 순간에 홈런 한 방을 치며 승리로 이끈 경기를 우리는 많이 봤다. 어떤 이들은 우연이라고 말할지 모르지만 우연이 아니라 언제나 꾸준한 노력에 비밀이 숨어 있다. 깊은 슬럼프에 있을 때에도 그는 자신이 정한 빽빽한 시간표대로 자신을 담금질했다고 한다. 더 강력한 연습이 그의 방법이었다.

언제나 그래야 한다. 어려운 문제에 봉착했을 때 현재 훈련의 상태를 유지하면서 동시에 오히려 더 추구해야 한다. 사실 문제에 부딪히고 어려움을 당했다는 말은 한계에 이르렀다는 뜻이고 경계선에 서 있다는 뜻이다. 그런 까닭에 더 많은 에너지가 필요한 것이고 노력해야 한다. 그래야 그 경계를 넘어갈 수 있다. 더 나은 새로운 존재로 발전할 가능성이 열렸기 때문이다.

초대교회는 말씀과 기도로 세워진 교회였다. 그런데 구제하는 문제를 놓고 불협화음이 생겼다. 그 문제를 해결해야 했다. 하지만 초대교회 사도들은 먼저 일곱 명의 집사를 세웠다. 그 이유는 리더십을 나누기 위했다기보다 사도들이 '말씀과 기도'에 더 전념하기 위해서였다.

마찬가지다. 교회의 불협화음과 크리스천의 문제는 신앙과 관계있다. 그때 오히려 더 말씀에 집중하고 기도해야 한다. 바울이 그것을 알고 디모데에게 권면한 것이다.

"내가 이를 때까지 읽는 것과 권하는 것과 가르치는 것에

전념하라"(딤전4:15)

리더가 목사님에게 코칭을 부탁했을 때도 같은 이야기를 한 이유이다. 그 권면을 듣고 리더는 더 열심히 하기로 했다. 특히 자신과 공동체의 문제는 말씀과 기도의 문제라는 것을 알았기 때문이었다.

'같은 큐티 묵상을 나누다.'

바울이 디모데에게 말한 '읽는 것'은 말씀을 같이 읽고 같이 나누는 것, 같은 생각을 갖는 것을 말한다. 그런 의미에서 같은 설교를 듣고 같은 본문 말씀을 나누는 큐티는 매우 중요하다.

초대교회 당시 같이 낭독했던 말씀을 듣고 일주일 동안 깊은 묵상을 했을 것이다. 그들은 들을 때 매우 간절했다. 성경을 개인이 갖고 있지 않기 때문이었다. 그러므로 성경 말씀 낭독을 듣는 것은 곧 마음에 품고 묵상하는 것이었다.

오늘날의 큐티와 비슷하다 할 것이다. 한 주간 같은 본문으로 묵상하는 큐티와 주일에 같이 모여 묵상한 것을 나누는 것은 중요하다. 그것이 삶을 신앙화하는 힘을 불어넣기 때문이다. 그러므로 아무리 힘들어도 먼저 소그룹의 중심을 함께 읽고 큐티 묵상한 말씀을 나누는 것을 놓쳐서는 안 된다.

'가까이서 들어주며 격려하라.'

같이 말씀을 묵상하고 나누는 것이 무엇보다 중요하지만 동시에 그룹원들의 이야기를 들어주는 것도 중요하다. 하지만 단순히 듣는 것이 아니라 이미 나눈 말씀에 근거해서 듣고 권면하는 것이어야 한다. 분명히 '권하는 것'은 '읽는 것'과 '가르치는 것'의 위치에서 이뤄져야 한다.

실제로 권면의 능력은 사람의 지혜와 감정으로도 힘이 있지만 성령의 도우심만이 온전히 위로와 권면에 이를 수 있다. 그래야 성령의 임재로 인한 '파라클레이시스' 위로가 이루어질 수 있을 것이다.

'가르쳐 지킴으로 리더로 서도록 도우라.'

주님의 지상명령의 '가르쳐 지키게 하라'는 말씀은 제자를
삼는 명령을 지킬 수 있는 성숙한 제자가 되기까지 가르치는
것을 말한다. 그러니까 단순히 가르치고 리더에게 예속된 착
한 그룹원을 만드는 것이 목적이 아니라 결국 그 사람 스스로
서도록 이끌며 궁극적으로는 또 다른 리더로 설 수 있게 도와
야 한다는 뜻이다.

이처럼 소그룹을 인도할 때 리더는 다음 리더를 생각해야
한다. 자신의 소그룹이 언제나 잘 모이는 끈끈한 그룹만 구성
하지 않고 새로운 그룹으로 분리될 것을 기대하며 다른 리더
를 세우는 목적을 두고 움직여야 한다.

이것이 가르치는 목적이 되어야 한다. 특히 내게 종속된 내
제자를 만드는 것이 아니라 목표는 주님의 제자가 되도록 돕
는 것이어야 한다. 그래서 주님은 주님의 지상명령을 수행하
는 자들에게 "항상 함께 있으리라"(마28:20)고 말씀하신 것이
다.

절대 포기하지 않고 계속 추구하며 걸어가야 하는 결정적인 이유가 있다. 우리가 하는 그 일은 주님의 일이기 때문이다. 사람의 개인적인 일이나 목사님의 일이 아니라 우리 주 예수 그리스도의 일이기 때문이다. 우리가 전념하고 집착해야 하는 이유이다.

분명히 이 일은 쉽지 않다. 어떤 대가나 보수도 받지 않는 고난의 길임에 틀림이 없다. 옳다. 하지만 그 고난은 여전히 고난 가운데 계신 예수 그리스도의 남은 고난에 동참하는 일이다. 그래서 바울은 오히려 그 고난을 기뻐하였다. 이것을 잊지 말아야 한다.

"나는 이제 너희를 위하여 받는 괴로움을 기뻐하고 그리스도의 남은 고난을 그의 몸된 교회를 위하여 내 육체에 채우노라"(골1:24)

함께 토론

리더는 주님의 일을 하는 자다. 세상 일을 하는 것이 아니다. 내 상황에 따라 할 수도 있고 하지 않을 수도 있는 일을 하는 것이 아니다. 리더는 끝까지 "그리스도의 남은 고난"에 참여하는 자로서 언제나 주님의 방법으로 걸어가야 한다.

1. 소그룹을 이끌 때 세상의 모임이 되어서는 안 된다. 힘들수록 더 말씀을 함께 묵상하고 나누는 큐티 생활이 중요하다. 이것을 견지해야 한다. 리더로서 나는 어떻게 하고 있는가?

----

2. 소그룹을 인도하면서 새로운 리더를 키우고 세우는 계획은 갖고 있는가? 이를 위해 주의 깊게 주시하며 돕고 있는 자는 있는가?

받은 것을 가볍게
여기지 말아야 한다

"받은 것을 가볍게 여기지 말며"(딤전4:14)

컨텍스트

'조금 더 열심히 하자' 목사님은 말씀하셨지만, 늘 리더의
마음속에는 자신이 리더로 자격이 있는 것인가 하는 의심이
있었다. 자신보다 학벌이 좋은 지체들도 있었고 교회를 오래
다닌 친구도 있었다. 교회가 서로 의논해서 리더로 세운 것이
라고 했지만 늘 자신의 부족한 모습을 볼 때마다 회의감이 생
겼다. 그러다가 리더를 무시하는 듯한 태도를 누군가가 보이
면 괜히 자괴감에 빠져 힘들기가 일쑤였다.

목사님을 너무 자주 괴롭게 하는 것 같아서 미안했지만 할수 없었다. 그래서 목사님에게 자신이 리더로서 부족한데 왜 자신을 리더로 세웠는지 이해할 수 없다고 말했다. 심지어 리더를 그만 두겠다고 말씀을 드렸다. 그때 목사님은 리더를 다독이면서 리더로 세운 이유를 꺼내셨다.

'리더는 세상의 기준으로 세우지 않아요. 가장 중요한 기준으로 마음을 삼아요. 다른 세상적 기준이 모자라다는 뜻이 아니라 마음을 볼 때 모든 이들이 자매가 적합하다고 동의해서 세운 것이에요. 주님은 그 마음을 보시고 새롭고 놀라운 일들을 진행시키리라 믿어요.'

리더는 무슨 뜻인지 완벽하게 알 수는 없었지만 목사님과 스탭들이 모두 다 동의하고 리더로 세웠다는 말에 큰 위로가 되었다. 비록 세상적인 스펙은 근사하지 않아도 다른 것보다 자신의 마음, 그 진정성을 알고 있었던 리더는 자신의 마음을 알아준 목사님과 교회가 고마웠다. 순간 목사님이 말씀하신 것처럼 무엇인가 자신이 알지 못하는 것 이상의 계획을 주님이 세우셨다는 생각이 들었다. 다시 힘을 내어보기로 하였다.

바울의 코칭

바울이 믿고 있는 것이 있었다. 바로 주님이었다. 사실 바울은 사역하는 동안 계속 사도로서의 자격에 문제가 있다는 공격을 받았다. 실제로 열두 제자 중 한 사람이 아니라는 사실은 사도의 자격으로서 문제를 제기할 수 있는 부분이었지만 그는 포기할 수 없었다. 부르신 분이 하나님이시기 때문이었다.

> "사람들에게서 난 것도 아니요 사람으로 말미암은 것도 아니요 오직 예수 그리스도와 그를 죽은 자 가운데서 살리신 하나님 아버지로 말미암아 사도 된 바울은"(갈1:1)

그의 명함은 하나님이었다. 하나님이 바울을 부르신 것은 세상적인 기준에서가 아니었다. 그는 육체적으로는 "만삭되지 못하여 난 자 같은"(고전15:8) 사람이었고 영적으로는 "죄인 중에 괴수"(딤전1:15)였다. 뿐만 아니라 종교적으로는 교만한 율법주의자이며 크리스천을 방해하던 적그리스도 같은 존재였다. 그런데 하나님이 그를 부르신 것이다.

바울은 도대체 자신을 부르신 하나님의 기준을 알 수 없었다. 한 가지 분명한 것은 모든 면에서 부적격자란 사실 뿐이었다. 바울은 이 놀라운 부르심을 은혜라는 말 외에 다른 단어로는 도무지 설명할 수 없었다.

"너희는 그 은혜에 의하여 믿음으로 말미암아 구원을 받았으니 이것은 너희에게서 난 것이 아니요 하나님의 선물이라"(엡2:8)

바울이 할 수 있는 말의 전부는 "내가 나 된 것은 하나님의 은혜로 된 것"(고전15:10)이었다. 그는 자신의 사도됨은 세상의 기준이 아니라 하나님의 부르심의 은혜라는 것을 알고 있었다.

뿐만 아니라 자신과 같이 형편없는 인간을 부르신 이유가 또 있다고 생각했다. 무자격자인 자신을 부르심으로 스스로 자신의 스펙을 자랑하며 드러내는 자칭 자격자들을 경고하시기 위함인 것을 알고 있었다. 동시에 아무리 무자격자라 할지라도 주님이 쓰실 수 있다는 것을 말하기 위함이었다. 그러니까 그는 자신이 일종의 모델인 것을 알았다. 죄인, 부적격자, 무자격자, 적그리스도라 할지라도 쓰시는 하나님을 말하기 위한 모델이었다.

> "하나님께서 세상의 미련한 것들을 택하사 지혜 있는 자들을 부끄럽게 하려 하시고 세상의 약한 것들을 택하사 강한 것들을 부끄럽게 하려 하시며 하나님께서 세상의 천한 것들과 멸시 받는 것들과 없는 것들을 택하사 있는 것들을 폐하려 하시나니 이는 아무 육체도 하나님 앞에서 자랑하지 못하게 하려 하심이라"(고전1:27-29)

바울이라는 존재의 값은 오만원 주고 산 옷을 오만원짜리라고 하는 것처럼 예수가 대신 지불하고 살리신 까닭에 예수님짜리라는 것을 바울은 알았다. 바울은 디모데에게 이 사실을 주지시키고 싶었다. 더욱이 디모데가 받은 직분은 하나님의 통치를 받는 교회의 지도자들이 하나님의 예언으로 받은 것임을 디모데는 알아야 했다.

"그대가 선물로 받은 그 거룩한 직무 곧 원로들이 그대에게

안수하며 예언해 준 말씀을 통해서 그대에게 맡겨진 직무를 등한히 하지 마시오." (공동번역/딤전4:14)

이 직무는 주님이 명령하신 지상명령을 따라 위임받은 교회가 맡긴 것이기에 주님이 맡기신 것과 동일하다는 것을 바울은 강조하였다.

사실 무자격자라는 것을 잘 알았던 바울은 주님이 맡기신 이 사역을 위해 산다는 것은 목숨과도 바꾸고 싶은 일이었다. 그가 전도여행을 마치고 예루살렘을 향하여 갈 때였다. 주님은 그의 신변을 걱정하셨다. 그래서 주님조차 예루살렘으로 가는 것을 만류하셨다. 밀레도 해변에서 에베소 장로들을 만났을 때 역시 만류하는 에베소 장로들에게 자신의 결심을 이렇게 말했다.

"보라 이제 나는 성령에 매여 예루살렘으로 가는데 거기서 무슨 일을 당할지 알지 못하노라 오직 성령이 각 성에서 내게 증언하여 결박과 환난이 나를 기다린다 하시나 내가 달려갈 길과 주 예수께 받은 사명 곧 하나님의 은혜의 복음

을 증언하는 일을 마치려 함에는 나의 생명조차 조금도 귀
한 것으로 여기지 아니하노라"(행20:22-24)

바울은 목숨을 주를 위해 바치고 싶었던 것이다. 그가 받은
사명은 주님이 주신 것이고 천사도 흠모 할 만한 일이었기 때
문이었다. '자신의 생명'이라도 그 제단에 올려놓고 싶었던 것
이다.

"여러분이 바치는 믿음의 제사와 제물을 위해서라면 나는
그 위에 내 피라도 쏟아 부을 것이며 그것을 나는 기뻐할
것입니다."(공동번역/빌2:17)

리더 공부

하나님의 기준은 세상의 기준과 다르다는 것을 잊어서는 안
된다. 그러므로 만일 세상의 기준으로 자신을 보면서 리더의
자격을 논하는 것은 어리석은 교만일 뿐이다.

분명 다른 의도 없이 목사님과 스탭들과 교회의 리더들이 모여서 결정하여 리더로 세운 것이라면 남은 것은 바울처럼 목숨 바쳐 사역하는 것뿐이다. 정말 자신이 부족하다고 생각한다면 이 무자격자인 나에게 사역을 맡긴 주님을 위해 최선을 다하는 것이 옳은 일이다.

물론 자격을 전혀 거론하지 않는 것은 아니다. 바울은 디모데에게 리더가 또 다른 리더를 세울 때 자격 요건을 '충성된 사람'이라고 말하였다.

> "네가 많은 증인 앞에서 내게 들은 바를 충성된 사람들에게
> 부탁하라 그들이 또 다른 사람들을 가르칠 수 있으리라"
> (딤후2:2)

리더가 걱정해야 할 것은 자신의 세상적인 기준과 스펙을 볼 때 부족한 것이 아니라 충성되지 못한 것임을 잊지 말아야 한다.

'자격은 충성됨에 있다.'

내가 피를 통하여 쓰러져 병원에 입원했을 때였다. 1999년 12월 26일 주일의 일이었다. 감사하게도 밀레니엄 버그 문제로 환자들이 병원을 떠나는 일이 속출하는 바람에 2000년 1월 3일 월요일 아침 7시 30분 수술 계획이 잡혔다. 그렇지만 나는 1월 2일 주일날 설교하러 가기로 했다. 병원 측은 당황해하였고 강력하게 경고하였다. 위험하다는 것이었다. 하지만 나는 다른 선택을 할 수 없었다. 아랑곳하지 않고 가서 설교하였다. 마지막 순간까지 목사로 살고 싶었고 목사의 충성은 설교자로 서는 것이라는 것을 알고 있었기 때문이었다. 그리고 위 전체를 절제하는 위암 수술 후 병원에서 퇴원하자마자 그 주일부터 설교를 시작하였다. 그것이 나의 사명이었기 때문이고 내가 할 수 있는 확실한 하나님께 대한 충성이었기 때문이다.

언제나 리더가 물어야 할 것은 능력에 대한 것이 아니라 '나는 충성된가?' 하는 질문이어야 한다. 바울이 강조한 것처럼 약하거나 세상적 스펙이 부족해 보이는 것은 문제가 아니다. 분명 하나님께서 지혜를 허락하실 것이기 때문이다. 언제나 충성이 문제이다.

다음의 질문들은 충성된 리더의 기본에 대한 물음이다. 다음의 질문에 '예'라고 대답할 수 있다면 그 리더는 기본이 갖춰졌다 할 수 있다.

- 주일을 지키는가?
- 주일 예배 외에도 다른 예배 드리기에 최선을 다하는가?
- 늘 큐티 시간을 갖고 말씀 묵상은 생활화되었는가?
- 그룹원들을 기억하여 중보기도를 매일 하고 있는가?
- 그룹원들의 형편을 살피며 돌아보는가?
- 십일조를 기본으로 헌금 생활은 제대로 하고 있는가?
- 교회가 제공하는 훈련을 지속적으로 받고 있는가?

위의 7개의 질문은 '리더의 기본 자세'에 대한 것이다. 그런데 이것들을 온전히 지키지 못하면서 단순히 리더의 직분을 세상의 기준으로 평가하고 비교하여 스스로 낙심하는 것은 주님의 부르심을 가볍게 여기는 것에 불과하다.

목숨을 다해 섬기고 사역하는 바울과 같이 "나의 생명조차 조금도 귀한 것으로 여기지 아니"하지는 못할지라도 흉내라도 낼 수 있다면 얼마나 좋은 일인가?

함께 토론

교회가 리더로 부른 것은 주님이 부르신 것과 같다. 교회에 주님이 위임하셨기 때문이다(마28:18-20). 부름 받은 리더에게 필요한 기본은 충성, 곧 신실함에 있을 뿐이다. '충성된 자'는 리더의 별칭이어야 한다.

1. 교회가 결정한 리더로의 부르심은 주님이 요청하신 것과 동일한 것이다. 이에 대한 확신이 있는가?

   ----

2. 세상적인 기준과 스펙으로 리더 자격이 논하는 것보다 더 중요한 것은 위에서 제시한 7개의 '리더의 기본 자세'를 점검해 보는 것이어야 한다. 이 기준을 자신에게 적용해 볼 때 어떻게 평가할 수 있는가?

리더 공부

09 그리스도의 완전을 추구해야 한다

"이 모든 일에 전심 전력하여 너의 성숙함을
모든 사람에게 나타나게 하라"(딤전4:15)

컨텍스트

리더로서 여러 어려움이 있었지만 나름대로 좋은 성과를 거
두었다. 한 해 동안 그룹 모임은 잘 되었고 나름대로 탄탄한
모임이 되었다. 그렇게 안정되게 그룹은 운영되었다. 그룹 안
의 지체들끼리 좋은 관계가 이뤄져서 함께 짧은 여행을 떠나
고 마치 가족처럼 잘 지내는 모임이 되었다.

연말이 되었다. 일 년에 한 번 자신이 속한 그룹을 옮길 수
있는 기회가 주어졌는데 그룹원들 중 몇 명이 다른 그룹으로

옮기려 한다는 소식을 리더가 듣게 되었다. 매우 당황스러운 일이었다. 아무런 문제도 없었고 나름대로 언니 동생으로 가족처럼 잘 지내고 있었는데 황당했다.

리더는 그 이유가 무엇인지를 알기도 전에 상처를 받았다. 갑자기 회의가 들었다. 하지만 이대로 있을 수는 없었다. 처음에는 본인이 직접 의사를 표명할 때까지 기다릴까도 생각했지만 리더는 먼저 만나는 것이 좋겠다고 생각하였다. 어렵게 마음을 정한 후 그 말의 진원지로 보이는 박시원 자매(가명)를 먼저 만났다. 조심스럽게 그룹을 떠나려는 이유가 무엇인지를 물어보던 리더는 의외의 이야기를 들었다.

'저는 리더 언니가 좋고 이 그룹도 정말 좋아요. 가족 같이 많이 사랑해 주셔서 정말 행복해요. 그래서 옮길까 해요.'

정말 뜬금없는 이야기였다. 너무 좋은데 떠난다는 말이 이해가 되지 않았다. 그런데 이어서 말하는 이유를 듣고 납득이 되었다.

'다른 이유는 없어요. 리더 언니는 가족 같아요. 너무 편하
고요. 그런데 도전이 되지 않아요. 좀 더 성장하고 싶은데 언
니 리더를 만나면 긴장감이 들지 않아요. 그래서 다른 리더를
만나고 싶었어요.'

박시원 자매가 생각하고 있던 리더는 다른 그룹의 정성숙
자매(가명)였다. 리더보다 늦게 교회를 왔고 리더가 되었지만
매우 열심 있는 리더였다. 매일 자신을 훈련하는데 너무 부지
런하여서 보는 것만으로도 부러운 친구였다. 매일매일 변화
하는 것이 정말 보이는 리더였다.

그 리더를 보면서 박시원 자매는 더 성장하고 싶었던 것이
다. 분명히 리더가 큰 도움과 위로가 되고 있지만 성숙을 추
구하고 노력하는 리더와 함께 더 배우고 싶다는 뜻이었다. 그
녀의 진심을 이해한 까닭에 리더는 할 말이 없었다.

바울의 코칭

비록 우리가 리더라 할지라도 완성된 존재는 아니다. 우리가 추구해야 할 목표는 그리스도의 장성한 분량에 이르는 것(엡4:13), 곧 성숙에 이르는 것이어야 한다.

> "이 모든 일에 전심 전력하여 너의 성숙함을 모든 사람에게
> 나타나게 하라"(딤전4:15)

개역한글성경은 "성숙함" 대신 "진보"라고 번역하였고, 공동번역 등은 "발전"이라고 번역하였는데 이를 종합하면 이런 뜻이라 생각한다. '반드시 변화를 보여라.'

여기서 한 가지 더 주의할 것은 "모든 사람에게 나타나게 하라"는 표현이 명령형으로 쓰였다는 점이다. 그러니까 누구나 알 수 있을 만큼 매우 확연하게 반드시 진보적 변화에 이르러야 한다고 명령한 것이다.

'변화는 명령이다.'

잘 알다시피 예수의 열두 제자는 별 볼 일 없었다. 성경에 나타난 수많은 실패와 연약함의 모습을 볼 때 예수의 제자 선택이 잘못된 것으로 보일 정도였다. 하지만 예수님이 승천하신 후 제자들의 행보는 놀라웠다.

어느 날 복음을 전하다 잡혀 대제사장들 앞에 섰을 때였다. 그들 앞에서 제자들의 모습은 예전의 모습이 아니었다. 그들이 알고 있던 제자들은 평범한 자들이었는데, 다른 사람들로 변해 있었던 것이다. 그들이 이상하다고 여길 수밖에 없었다.

"저희가 베드로와 요한이 기탄없이 말함을 보고 그 본래 학문 없는 범인으로 알았다가 이상히 여기며 또 그 전에 예수와 함께 있던 줄도 알고 또 병 나은 사람이 그들과 함께 섰는 것을 보고 힐난할 말이 없는지라"(행4:13-14)

그들은 변해 있었다. 그동안 제자들은 무너졌을지라도 포기하지 않고 부단히 성숙을 위한 노력을 기울였던 것이다. 성령께서 그들을 도우셨겠지만 그들 역시 몸부림쳤던 것이다. 이같은 변화를 사람들은 깊이 생각하지 않았을지도 모른다. 그래서 대제사장과 종교지도자들은 제자들을 경고하고 풀어줬다.

하지만 제자들의 복음 선포는 끊어지지 않았다. 오히려 점점 왕성해져갔다. 그래서 다시 잡아들여 더 심하게 채찍질하고 금하며 풀어줬는데 제자들은 이상한 반응을 보였다. 제자들 자신도 놀랄만한 존재로 바뀌어 있었다.

"사도들을 불러들여 채찍질하며 예수의 이름으로 말하는
것을 금하고 놓으니 사도들은 그 이름을 위하여 능욕 받는
일에 합당한 자로 여기심을 기뻐하면서 공회 앞을 떠나니
라"(행5:40-41)

이 같은 변화를 누구보다 잘 알았을 바울이 디모데에게 부탁한 것은 사람들이 알아차릴 수 있을 만큼 계속 성숙을 추구하라는 것이었다.

"이 모든 일에 전심 전력하여 너의 성숙함을 모든 사람에게
나타나게 하라"(딤전4:15)

리더 공부

박시원 자매의 말은 리더에게 충격으로 다가왔지만 오히려 그 말이 그녀에게는 큰 도전이 되었다. 그녀는 더 공부하고 더 훈련하는 리더가 되기로 작정하였다. 이것은 박시원 자매가 자신의 그룹에 남는가 남지 않는가의 문제가 아니라 예수 그리스도 앞에 선 자신의 문제였다.

'리더(Leader)는 리더(Reader)이다'라는 말이 있다. 리더의 자격은 끊임없는 훈련을 통한 성숙에 있다고 해도 과언이 아니다. 스티브 잡스가 경영의 책임을 물어 1985년 애플에서 쫓겨났을 때였다. 그때 그가 택한 것은 넥스트(NeXT) 社를 세워 열심히 연구하고 발전시키는 것이었다. 그러다가 1986년에는 조지 루카스 감독으로부터 픽사(Pixar)를 1,000만 달러에 인수하였고 거의 10년 동안 그는 자신의 분야와는 관계없어 보이는 애니메이션 영화 제작에 심혈을 기울였다. 그 결과로 나온 작품이 1995년 만든 '토이 스토리'였다. 그런데 토이 스토리가 엄청난 이익을 남기게 하였다. 스티브 잡스가 회생을 넘어 완전한 도약을 하는 순간이었다.

이처럼 토이 스토리는 매우 의미 있는 작품이었다. 토이 스토리는 사람들이 보지 않을 때 살아 움직이는 완구들의 이야기를 그렸는데 우주 비행사 버즈가 날고 싶을 때마다 하는 말이 있다. "To infinity and beyond!" '무한을 향하여 저 너머로!'

이 대사는 스티브 잡스가 좋아했던 윌리엄 블레이크의 시 'Auguries of Innocence'에 나오는 구절 'Hold infinity in the palm of your hand'(너의 손에 무한을 잡고)를 사용한 것으로 보이는데, 마치 구도적 추구처럼 더 높은 단계로의 변화를 말하는 것이었다. 더 깊은 추구를 한 것이었다.

목사인 내게 교인들에게 줄 수 있는 가장 큰 선물은 무엇인가 라고 사람들이 묻는다면 주저 않고 기도와 더불어 공부라고 말하겠다. 끊임없이 성경을 연구하고 독서와 자기 공부를 멈추지 않고 걸어갈 때 성숙의 가능성이 열리기 때문이다. 계속 발전하고 성숙해가는 목사의 설교는 깊이가 깊어질 것이고 교인들은 그 설교를 듣고 같이 성숙을 도모할 수 있을 것이기 때문이다.

'리더의 성숙이 방법이다.'

리더가 성숙을 위한 공부와 훈련을 추구하기로 한 것은 매우 적절한 결정이었다. 하지만 일부 리더들은 성숙을 위한 노력을 추구하지 않는다. 변화 없이 매너리즘에 빠져있는 리더로 남는다. 그것의 결과는 그룹원들의 정체와 미성숙을 가져올 뿐이고 다른 방법 곧 친교와 교제가 중심이 된 세상적 방법의 모임으로 전락하게 된다.

부족하지만 포기하지 않고 추구하며 변화되어가는 리더의 성숙은 사람들이 반드시 알아차린다. 자신이 성숙했다고 보여주려고 노력할 필요도 없다. 바울이 말한 "너의 성숙함을 모든 사람에게 나타나게 하라"(딤전4:15)는 뜻은 다른 사람이 인식할 만큼 확실하게 성숙으로 나아가라는 말일 뿐이다.

교회를 개척한지 몇 년 되지 않았을 때 한 청년이 청년들이 많이 모이고 인프라가 잘 구축된 교회로 옮기겠다고 선언하고 떠났다. 소수가 모이던 시절이어서 매우 힘들었지만 그 청년에게 이런 말을 한 기억이 있다.

'너의 성장을 위해 옮기는 것이어서 뭐라 할 이야기는 없지만 나와 우리 교회를 주시하라. 우리도 끊임없이 성숙을 추구할 것이다.'

이 말 뒤에는 숨어있는 나의 다짐이 있었다. '두고 보자. 10년 후, 20년 후 어떤 모습이 되었는지 보자.' 사실 나는 자신이 있었다. 교회 성장에 대한 이야기가 아니라 성숙을 위한 추구를 게을리 하지만 않으면 언젠가 열매를 거둘 것을 알고 있었다. 크기의 문제가 아니라 진정성의 문제라는 것을 알고 있었다.

뒷이야기지만 그로부터 십 수 년이 지난 후 그 교회는 담임목사의 스캔들로 엄청난 소용돌이에 빠져들었다. 많은 청년들이 교회를 떠났고 한국교회와 사회에 큰 아픔을 주었다. 그 청년이 그 후 어떻게 지냈는지 확인해 보지 않았지만 아픈 일이었다.

함께 토론

어떤 리더들은 자신의 리더십을 사람들이 인정하지 않을 때 배신감이나 자책감에 빠져 헤어나지 못하는 경우가 많다. 그동안 사람을 보고 걸어왔다는 뜻이다. 그러나 우리는 주님을 따르는 자들이고 성숙은 하나님만 보며 걸어갈 때 이뤄지는 것임을 잊지 말아야 한다.

1. 리더로서 성숙을 추구하는 나의 훈련과 공부는 적절하게 이뤄졌다고 보는가? 혹시 정체되어 있었거나 나태했던 것은 아니었는가?

----

2. 자신이 볼 때 나는 변화되었다고 생각하는가? 만약 그렇다면 내 가족 혹은 직장 동료나 친구들이 알아볼 정도인가?

거룩한 환상에 사로잡혀야 한다

"이것을 행함으로 네 자신과 네게 듣는 자를 구원하리라"
(딤전4:16)

컨텍스트

어느 날 갑자기 매우 아픈 뉴스를 접했다. 청년들에게 깊은 영향을 주던 목사님의 좋지 못한 행동이 세상에 드러났다. 평상시에 그 목사님을 좋아했고 그분의 책은 빠짐없이 사서 읽었으며 틈틈이 그분의 설교를 찾아서 듣던 리더에게는 매우 큰 충격이었다.

리더는 그보다 더 큰 염려에 빠졌다. 몇 해 전에 함께 신앙생활 하던 한 형제가 그 교회로 옮겼기 때문이다. 우리 교회도 좋아했지만 그 목사님이 자신의 스타일에 맞는다고 매우 행복해했던 친구였다. 리더는 그 친구가 걱정스러웠다.

그동안 연락도 자주 못했지만 겸사겸사 전화를 하였다. 벌써 목소리부터 걱정스러웠다. 그 일이 터진 후 교회는 잘 다니고 있지 않았다. 이 교회 저 교회를 전전하며 가끔 예배를 드리고는 있었지만 예수를 믿는 것 자체가 의심스럽다는 말을 하는 것이었다.

우리 교회를 나오라는 말을 리더는 하였지만 그 친구는 한숨만 내쉬었다. 당분간은 그냥 내버려두라는 말을 들으면서 통화를 마쳐야 했다. 마음이 아팠지만 리더는 더 이상 아무 말도 할 수 없었다.

수많은 청년들에게 복음을 전하고 비전을 심어주던 매우 영향력 있는 목사의 타락은 그것 자체만으로 위기였다. 그 후에도 계속 해서 터져 나온 유명한 목사들의 스캔들은 아예 교회와 복음을 거부하는 현상에 일조하였다.

바울의 코칭

로마서 7장에서 이미 밝힌 것이지만 바울은 자신을 믿을 수 없었을 뿐 아니라 복음을 전하는 자로서 무자격자가 될까봐 늘 걱정하며 자신을 훈련하는 것을 멈추지 않았다.

당연히 디모데를 바라보며 걱정하던 것도 이것이었다. 이때 어떻게 목회자로 사역해야 할 것인지 리더십을 설명하던 바울이 마지막으로 강조한 것은 '리더의 환상'이었다.

"네가 네 자신과 가르침을 살펴 이 일을 계속하라 이것을
행함으로 네 자신과 네게 듣는 자를 구원하리라"(딤전4:16)

리더는 자신에게 매몰되어 끝나는 존재가 되어서는 안 되고 끝없이 추구하는 삶을 살아야 한다고 바울은 말한 것이다. 그 같은 삶의 추구는 리더 자신이 타락하는 것을 막기도 하겠지만 이보다 더 중요한 것은 다른 사람을 구원할 가능성이 열리기 때문이라는 것이었다. 놀라운 환상이었다.

"이것을 행함으로 네 자신과 네게 듣는 자를 구원하리라"

(딤전4:16)

이것이 원래 하나님의 계획이었다. 하나님이 아브라함을 부르실 때 목적은 이스라엘을 이루고 그들에게 축복을 주시고 복된 나라를 만드는 것이었지만 그 방향성은 이스라엘만을 위한 것이 아니라 이스라엘을 통하여 축복이 세상으로 흘러들어가 세상을 구하는 것이었다. 하나님이 아브라함을 부르신 이유를 들어보면 알 수 있다.

"내가 너로 큰 민족을 이루고 네게 복을 주어 네 이름을 창대하게 하리니 너는 복이 될지라… 땅의 모든 족속이 너로 말미암아 복을 얻을 것이라"(창12:2-3)

뿐만 아니라 애굽의 노예로 있던 이스라엘을 출애굽 시킨 하나님이 시내 산 광야에서 계명을 줄 때에도 분명히 불러내신 이유를 설명하셨는데 그들은 복의 유통자로 살아야 했다.

"너희가 내 말을 잘 듣고 내 언약을 지키면 너희는 모든 민

족 중에서 내 소유가 되겠고 너희가 내게 대하여 제사장 나

라가 되며 거룩한 백성이 되리라"(출19:5-6)

하나님은 이스라엘을 세상과 하나님 사이의 중보자로 세워 구원의 길을 제시하고자 한 것이다. 그러나 이스라엘이 하나 님을 자신들만을 위한 민족 신처럼 제한하였고 심지어 구원의 길이신 예수 그리스도까지 거부하였다. 하지만 그 구원의 계 획은 예수를 믿는 자들을 통해 진행시키셨다. 믿는 자들 한 사람 한 사람이 제사장으로 살도록 부름 받은 것이다.

"그러나 너희는 택하신 족속이요 왕 같은 제사장들이요 거

룩한 나라요 그의 소유가 된 백성이니 이는 너희를 어두운

데서 불러 내어 그의 기이한 빛에 들어가게 하신 이의 아름

다운 덕을 선포하게 하려 하심이라"(벧전2:9)

바울은 디모데에게 이 놀라운 비전을 말한 것이다. 그리고 그 선두에 서 있는 자로서 리더가 가져야 할 환상을 제시한 것 이다.

'네게 듣는 자를 구원하는 존재가 되라.'

리더 공부

많은 리더들이 책임감을 갖고 있지 않다. 하나님은 우리를 통한 구원계획을 세우셨고 우리에게 그 구원의 지상명령을 위임하셨지만 심각하게 생각하지 않는다.

1989년 여름 청년들을 데리고 갔던 수련회 중 한 청년의 익사 직전 상황을 나는 목격하였다. 그를 구하러 뛰어들었지만 준비되지 못한 나는 그 청년을 살리지 못했다. 교회 청년들은 그 상황에서 아무도 청년을 구하러 뛰어들지 않았지만 내가 뛰어든 것만으로 충분하다고 위로하였다. 하지만 조금도 동의할 수 없었다. 왜냐하면 그 청년이 죽었기 때문이었다.

그때 눈에 들어온 것이 바로 나 자신의 모습이었다. 무기력한 모습, 자기 연민에 빠져 나를 위해서 살아가는 모습, 준비되지 않은 나를 보았다. 그것이 시작이었다. 반드시 변화해야 했다. 반드시 준비되어야 했다. 그것은 명령이라는 것을 깨달 았다.

'반드시 변화하라.'

하정완 목사의 변화는 바로 그때부터 시작된 것이라 할 수 있다. 반드시 사람을 살리는 존재가 되는 것이 책임이고 사명이 되었다. 몸부림치며 지금까지 걸어온 이유였다.

로버트 저메키스 감독의 '포레스트 검프'란 제목의 영화가 있다. 지능지수 75의 행복한 바보의 이야기이다. 결혼도 하고 매우 단순하게 하루하루를 살던 어느 날 아내 제니가 그를 버리고 떠난다.

그 충격 앞에 포레스트는 아무런 목적도 없이 제니가 사준 농구화를 신고 달리기 시작했다. 무려 3년 2개월을 달렸다. 오랜 시간 동안 쉬지 않고 달리는 덥수룩한 수염의 포레스트를 언제부터인가 사람들이 좇아 달리기 시작하였다. 무슨 이유가 있을 것이라 사람들은 생각했다. 하지만 어느 날 멈췄을 때 사람들은 그의 달리기가 아무런 이유도 없는 무작정 달리기라는 것을 알았다. 그냥 허무로 끝났다. 그렇다면 왜 사람들은 그를 좇아 달린 것인가? 사람들은 누군가를 좇고 싶었던 것이었다.

오늘도 사람들은 누군가 이유 있는 경주를 하고 있다면 그 뒤를 좇아가고 싶어 한다. 리더를 만나고 싶은 것이다. 바울도 이 같은 사람들의 갈망을 알고 있었다. 그래서 바울은 사람들이 이유 있는 경주를 하는 하나님의 아들의 출현을 고대하고 있다고 말했다.

"모든 피조물들은 하나님의 아들들이 나타나기를 애타게 기다리고 있습니다."(현대인의성경/롬8:19)

사람들은 구원을 간절히 기다리고 있는 것이다. 그 여름 익사하던 청년처럼 말이다. 사실 여유가 없다. 우리가 준비되지 않은 만큼 사람들은 익사하듯 구원에서 멀어져가고 파멸할지도 모른다.

이제 리더는 알았다. 리더가 되었다는 것은 이미 자기 자신의 문제를 넘어서 하나님의 사역에 참여하는 동역자가 된다는 것을 알았다. 한 영혼도 놓쳐서는 안 된다는 것을 깨달았다.

그런 의미에서 리더가 하고 있는 사역은 단순히 한 소그룹을 인도하는 것이 아니라 주님이 부탁하신 구원사역의 모자이크 한 부분이라는 것을 알았다. 그 순간 리더는 바울이 디모데에게 한 부탁을 읽는 것만으로 가슴이 뜨거워졌다.

"그대 자신을 조심하고 그대의 가르침의 내용을 잘 살피시오. 이렇게 꾸준히 일을 해 나가면 그대 자신을 구원할 뿐아니라 그대의 말을 듣는 사람들을 모두 구원할 수 있을 것입니다."(공동번역/딤전4:16)

함께 토론

우리가 하고 있는 사역은 하나님이 맡기신 사명이다. 주님이 우리를 통해 사람을 구하는 계획을 세우셨기 때문이다. 그러므로 리더는 책임적 존재이다. 사소하게 행동할 수 없는 이유인 것이다.

1. 바울이 말하고 있는 '사람을 구원하는 환상'이 자신에게 있는지를 물어보라. 어떤가? 있는가?

   ----

2. 주님이 맡기신 리더로서 나 자신에 대한 비전과 내가 맡은 그룹에 대한 비전 곧 환상은 무엇인지 적어 보라.